萬古千秋事有愁窮源一念沒來
由此心歸到真如海不向江河
作細流

南懷瑾大學堂

学佛者的基本信念

南怀瑾 讲述

人民东方出版传媒
東方出版社

图书在版编目(CIP)数据

学佛者的基本信念/南怀瑾讲述.—北京:东方出版社,2022.1

ISBN 978-7-5207-1192-0

Ⅰ.①学… Ⅱ.①南… Ⅲ.①佛教-研究②《华严经》-研究 Ⅳ.①B942.1

中国版本图书馆 CIP 数据核字(2019)第 193321 号

学佛者的基本信念

南怀瑾 讲述

责任编辑: 王夕月 邢 远
出 版: 东方出版社
发 行: 人民东方出版传媒有限公司
地 址: 北京市西城区北三环中路 6 号
邮 编: 100120
印 刷: 北京明恒达印务有限公司
版 次: 2022 年 1 月第 1 版
印 次: 2022 年 1 月第 1 次印刷
开 本: 650 毫米×960 毫米 1/16
印 张: 13
字 数: 126 千字
书 号: ISBN 978-7-5207-1192-0
定 价: 35.00 元
发行电话: (010)85924663 85924644 85924641

编者的话

南怀瑾先生是享誉国内外，特别是华人读者中的文化大师、国学大家。先生出身于世代书香门第，自幼饱读诗书，遍览经史子集，为其终身学业打下了扎实的基础；而其一生从军、执教、经商、游历、考察、讲学的人生经历又是不可复制的特殊经验，使得先生对国学钻研精深，体认深刻，于中华传统文化之儒、道、佛皆有造诣，更兼通诸子百家、诗词曲赋、天文历法、医学养生等等，对西方文化亦有深刻体认，在中西文化界均为人敬重，堪称“一代宗师”。书剑飘零大半生后，先生终于寻根问源回到故土，建立学堂，亲自讲解传授，为弘扬、传承和复兴民族文化精华和人文精神不遗余力，其情可感，其心可佩。

本书是南怀瑾先生一九八五年一月在台湾十方禅林讲解《华严经·普贤行愿品》的整理，由台湾老古文化事业公司于一九八六年十二月首次出版，以《一个学佛者的基本信念》为名，此后多次再版，成为诸多敬佛学佛者爱不释手之美卷。

《华严经·普贤行愿品》原是唐代高僧般若译《华严经》四十卷中的最后一卷。因其“文理俱优”、“切于日用”（明代智旭语），译出后不久，遂逐步单独成经，广为流传，成为汉传佛教和藏传佛教均推崇备至的一部经书。《普贤行愿品》是佛教的发愿之王，《华严经》的所有内容均可归摄其中，因此又被称为“小华严经”，主要讲述了普贤菩萨的“十大行愿”，以长行文的形式说明，又以偈颂的形式宣示。这些偈颂共有六十二颂，每颂七言四句，共一千七百三十六字。字数虽然不多，但内容非常深奥，许多人只能念诵而“不求甚解”。

在南先生看来，《普贤行愿品》的修法是修习一切佛法的基础，是学佛关键所在；学佛时修任何一法，都必须在根本上衔接这生发一切无量功德的“总电源”；以普贤菩萨广赅无尽三千大千世界虚空般的行愿力为榜样，方是真修行人。为此，南先生曾带领学佛者重修《华严经·普贤行愿品》，以期大家能彻底从心中生起普贤菩萨大行大愿的情操，迅速成就。

在讲解中，南先生一如既往，先“依文解义”，即先消化文句表层的意义，然后再做深入的研究，对“十愿”等重要概念进行了重点诠释，再由这些概念进行阐发，旁征博引、深入浅出，列举中外历史故事，结合自身的阅历和感受，对《华严经·普贤行愿品》的大意，特别是一般人不容易理解的偈颂作了深刻剖析。与此同时，南先生对佛法的精妙内涵、学佛的本来意义、偈颂的念诵方法等内容进行了扩展，大大开阔了眼界、启迪了思考，莫论现场受众，作为读者亦受教匪浅。

我社与南怀瑾先生结缘于太湖大学堂。出于对中华优秀传统文化的共同认识和传扬中华文明的强烈社会责任感、紧迫感，承蒙南怀瑾先生及其后人的信任和厚爱，独家授权，我社遵南师遗愿，陆续推出南怀瑾先生作品的简体字版，其中既包括世有公论的著述，更有令人期待的新说。对已在大陆出版过的简体字版作品，我们亦进行重新审阅和校订，以求还原作品原貌。作为一代国学宗师，南怀瑾先生“通古今之变，成一家之言”，毕生致力于民族振兴和改善社会人心。我社深感于南先生的大爱之心，谨遵学术文化“百花齐放，百家争鸣”之原则，牢记出版人的立场和使命，尽力将大师思想和著述如实呈现读者。其妙法得失，还望读者自己领会。

东方出版社

二〇二一年十二月

目　　录

学佛者的基本信念

——《华严经·普贤行愿品》讲记

台北十方禅林整理

你们目前这几天用功修持准提法，一开始还算精进、专一，但是连续的几个七期，是否能坚此一念，贯彻始终，甚至法会圆满后，仍然能将自己全部身心投注于准提佛母无尽无边的深妙法海中，那就要看各人所发成就无上菩提的愿心，是否真切而定了。

修持密法，或者显教的各种法门，所为何来？讲究的还不是经过如法的修习，得到圆满成就。成就的时候自然解脱，自然成佛。千万不要有世俗做生意的投机心理，心存利害关系，计较取舍，那是芝麻绿豆大的小事，微不足道。功名富贵是过眼云烟，成佛成魔也是过眼云烟。真正成佛解脱者，是连佛也不成。无所谓佛，也无所谓魔，当下成就，一切解脱。

你们有的在这里听课、修行了那么久，虽然有点效果，但是一切众生的根本大病——我相、见思二惑，以至贪瞋痴等等，仍去不掉，修行还没有真正得力。为什么呢？大家以为自己已经在用功修行，其实往往只是坐在那里贪图自己那点清净的感受而已，这不是道啊！修行得不到佛经上所说的那些根本变化身心气质的受用，原因在于没有发起恳切求法求道之心，身口意三业没有虔敬专一地投入普贤菩萨广大深密的行愿海中，谈不上对释迦牟尼佛苦口婆心所说的教法，身体力行去“信受奉行”，你们有吗？

所以，有许多人学佛学了一辈子，到底所为何来？“因地不真，果遭纡曲”，迷迷糊糊钻了大半生，世法出世法搞得两头空，何苦啊！

再慎重地告诉大家，修密法没有秘密，密在各人心中。而准提法是密法中的别法，特别殊胜的法门，它包括了止观，包括了参禅，同时包括了净土，并且又能完全依仗诸佛菩萨的加被。因此你们要将自己的身心彻彻底底地投进去，投到哪里去啊？还不是投到本身原来圆满具足的自性海中，毫不保留，毫不怀疑，这就对了。

现在大家这么多人在一起共修，所拟定的这一套修持与法器敲打的规矩，对于你们将来个人住茅蓬专修也好，集合几个志同道合的同参共修也好，都是一个很好的榜样。要知道，整个团体就是一个人，修法时的结手印、散手印，利用木鱼、磬、鼓来引导一致，那是必须的。再者，一个人也就是团体，将来各位自己独自专修时，千万不要忘记，修行是与法界一切众生一起共修，要有这等广大的心量，修行才能迅速成就，也才是真正在学佛修道。

有关修持准提法的基本观念、念诵要诀、仪轨程序、观想方法，乃至其他许多相关事项，我大致都跟你们讲了。以前我也曾经在寒假禅修讲“般若正观”法门时，首先提到修学一切佛法的基础——《普贤行愿品》的修法。这是学佛学道最关键性的信念所在，我们的心量要以普贤菩萨广赅无尽三千大千世界虚空般的行愿力为榜样，方是真修行人，才是真佛子。

像你们现在于坛场里修法观想时，若一边念咒，而一边还在打妄想的话，那便是在造恶业，与修习准提法何干？真修之人，全心全意地修，念念孜孜地修，随着旁边法器的节奏，有如一条利鞭密集地抽打下来，不知减少了大家多少乱造恶业的机会，想说说闲话，或者对于人生怨东怨西，也都没时间了。如此消极地少造了许多恶业，累积起来，变成积极地在造善业。大家现在虽然所念的是咒子，其实也等于实行《华严经普贤行愿品》中“礼赞诸佛”的愿行，如果真能彻彻底底从心中热切地生起普贤菩萨大行大愿的情操来，便能突破我们多生累劫来的罪障恶业，那么迅速成就菩提道果，夫复何疑？

学佛修任何一法，都必须在根本上衔接这生发一切无量功德的总电源——《普贤行愿品》。现在我们开灯，翻开《华严经》中的这一章节中的重颂，重新温习一下。

有关《普贤行愿品》偈子的唱诵法，你们暂时可用平时在晚课唱诵“忏悔偈”的方法来唱，现在你们先唱重颂开端的前四句：

所有十方世界中，三世一切人师子，
我以清净身语意，一切遍礼尽无余。

（同学们如法唱诵）

诵咒观想修准提法，一开始念时，意一观想，心中不论观想明点或是月轮，乃至准提佛母，口中念着咒子，虽然不必再念普贤菩萨这四句偈，但意念上要做到“所有十方世界，三世诸佛”尽在心中遍礼无余。不只是准提佛母，三世——过去、现在、未来的佛，人师子——人中之大导师、天人师，也就是佛，都要包括在观想里面。你说我观想不起来，不是要你幻想，而是你念头这样一带就晓得了，比如现在我在念咒子，同时“我以清净身语意”这一念已经含摄在修法里面了。身业现在安坐坛场中修法，语业念着咒子，意业正修观想，观想十方三世一切佛，一一佛前都有一个我在顶礼，“一切遍礼尽无余”，所有三千大千世界国土都到了，一切都在这一念，这就是密宗的观想。

你说我还是观不起来，那就作个比方，从你开始学佛至今，一定到过不少寺庙，在这一念中，曾到过的寺庙大殿上都有一个我在那里拜佛，这样应观想得起来吧？观想就这么容易啊！只要念头上轻轻带一下，刹那间意念上就修到了嘛！每天要如此修，这并不难啊！要是一时做不到，也要恳恳切切地将这四句偈好好念一遍，如此而修，以后一半工程就晓得怎么用功了。一念到经文时，心中同时观想到，口到，意即到。再来：

普贤行愿威神力，普现一切如来前，
一身复现刹尘身，一一遍礼刹尘佛。
（同学们如法唱诵）

现在观想功夫又进一步了！功夫的训练就是修啊！就是修持自己心行，在一念中成就无量礼佛功德。刚才教你们观想，譬如现在修持准提法，正念时，所有十方世界一切准提佛母之前，一切如来之前，都有我在恭敬顶礼，你说这样做得到吗？

应该要深信不疑，这是普贤如来的行愿力，哪一位是普贤如来呢？就是你——自性的普贤。其实我们人一说到那里，心就已经自然而然现到那里。你们想想你们的家，现在讲你的家，门口或家中的东西，一想就起来，这就是普贤。念头一到就现出来了，这是同时的啊！怎么会说观不起来呢？而现在我们修行是想佛境界，不想世俗境界，观想十方三世一切佛，一一佛前有我虔诚礼敬，这就是普贤行愿的大威神力，也是你自性普贤如来的大威神力。所以在观佛的时候，要你观十方三世一切佛，“普现一切如来前”，一一如来前都有一个专诚礼敬的我。“普贤”即是“普现”，凭借普贤如来的威神力加被你，你一念真诚清净便到了。一一佛菩萨前面都有我，你坐在这里，眼闭着也可以，你另一念的身体出去礼拜，有无量百千万亿的化身，一念之间就出去了。

“一身复现刹尘身”，坐在这里，心一想，到处都是我在礼拜，这一想，做得到吗？（同学们回答：做得到）不要骗自己。（同学中有一些没作答）有人没答话，是做不到吗？如果做不到，就要忏悔。因这观想道理，没有真懂进去，所以做不到。这个并不是什么功夫，只要理到了，事就到。做不到是理不到，是智慧不够，就该夜里自己起来恳切拜佛忏悔。你说这个道理。我懂了。好，我们现在来试试看。我现在说：诸位我们现在先修第一观想——礼敬诸佛。十方三世一切世界中，一切佛菩萨前都有我在顶礼膜拜，这做到了吗？（同学们答：做到了）岂止如此，你那出去的身体，那个身体也是你念头所变的，念头所观想的。这观想并不需那么用力，这个身体本有千百万亿的化身，而这个世界是重重无尽的。刹是刹土，像现在这一层楼就是一个佛刹，这个地球也是一个刹土。这刹土上有无数微尘，一尘代表一刹土，一刹土中又有无数微尘，所谓帝网交织，重重无尽，绵绵密密，尽虚空、遍法界，无处不是我，无处不是佛，一一佛前都有我，如此一一礼拜下去。像这样“一身复现刹尘身”这似乎就比较难些了。要是做到了，一切就很轻松。故修密宗最基本先要拜满十万次佛，这四大所成之肉身，要真礼佛。而且还要观想千百万亿化身出去礼拜。

现代一般的密宗，有什么喇嘛活佛来了，去灌个顶，念个咒子，就自以为是在修密，但是这个最基础的礼拜功德做到了吗？礼拜是基本学佛的第一步，像我们进小学开始上课时，还要先向老师行个礼呢！你跟佛学，可真真切切磕过头了吗？所以，你须依此所说，礼满十万以上。“一一遍礼刹尘佛”，有无量无边的我，我的前面都是佛，虔诚恭敬地礼拜，一切都是我的——本师。像这样修，念念都是这样，岂有不成就的？所以我把《普贤行愿品》印成那么精致的经本，要你们以此修行，你们做到了么？这四句偈再唱一遍，唱时要懂进去，全心全意投入这个境界。（同学们又唱了一遍）到此还在普贤行愿第一条的“礼敬诸佛”。告诉过你们，我学佛，开始就走这个路线，所以进展得快！再唱诵下面四句：

于一尘中尘数佛，各处菩萨众会中，
无尽法界尘亦然，深信诸佛皆充满。
（同学们如法唱诵）

这是与刚才相关的功夫境界，即是说那么多刹尘佛前面，都有我在顶礼。“于一尘中尘数佛”，一个地球是由无量数尘所构成，一尘代表一个世界，一个世界又有无数众生，每一个众生身上也有无数尘，每一无数尘中又有无量众生无量佛，重重无尽。人世间是个灰尘的世界，是泥土构成的，像现在这个房子也是泥土构成的，一尘中有尘数佛，一尘中有无数尘，尘也数不清，佛也数不清，不但佛数不清，菩萨也数不清，而菩萨在哪里呢？就在人间，就在这物理世界，到处都有，乃至厕所中、大便中都有佛，因都是尘啊！不论天堂地狱无所不在。而每位佛前都有菩萨，菩萨也是无尽，“各处菩萨众会中”，所以于一切处、一切时都要绝对恭敬，不垢不净。“无尽法界尘亦然”，这个宇宙法界本是无量、无边、无尽，所以不要把自己的心量弄得那么窄小。这无尽的法界中有不可计、不可数的尘世界，因此，这一拜时，一一佛、菩萨、善知识前都有我，只是你功力还不到，所以一时不能化身千百亿，也因此更要“深信诸佛皆充满”，到处都有佛，到处都有我在顶礼。

这点搞清楚了吧！所以，修准提法时，就以这个心境去修。

各以一切音声海，普出无尽妙言辞，

尽于未来一切劫，赞佛甚深功德海。

（同学们如法唱诵）

再来进一步是称赞如来，在无量佛前都有我在拜佛，拜佛同时还要赞佛。“各以一切音声海”，六道各类群众语言个个不同，每一种类、国土，乃至国土中的地方语言，皆有差异，六道一切众生，皆以自己的语言来赞佛功德。现在念准提咒，也是赞佛，赞颂准提佛母的巍巍功德，“普出无尽妙言辞”，对佛一切好处尽情地赞叹。像你们这样的又唱又念，也是在赞叹如来的庄严圣德。“尽于未来一切劫”，以一切美妙的言辞、音声，永远欢欢喜喜地赞叹下去！“赞佛甚深功德海”，这些要点大家首先都要懂得，否则只是坐在这里，一天到晚反复地诵念准提咒，想想不是很好笑吗？你如果懂了这个，身口意三业随时就在这个境界中，即得入普贤如来大定。你看看这显教的经文不就是一个不可思议的大修法吗？而你们看不懂经文，把经典当作一般文字在玩，看是看了，但未真懂，而它却是一步一步带领你修行，深入诸佛甚深法味。你们的身口意三业依法做到了吗？现在讲了一点让你们略尝，这不是把诸佛的法宝都给摆在你们眼前了吗？你们还在攀求个什么呢？一定要神秘兮兮给你们一个秘密的法门才是吗？然后就喜欢高兴得不得了，笨啊！那是诱惑你的，真的秘密就在这里，无显而不密啊！做到了吗？观想到了吗？今天讲了，一定要做到，从明天起，要将普贤行愿开始之礼佛、赞佛，观想好，不要走样。

你们平时也常常诵经、读经，这么讲解过后，有没有觉得以前平常虽然念过经，但好像没有念过一样？看过经以后，往往经是经，我是我，可以说没啥受用，一切法皆是佛法，显教的经典上都传给你了，都给你说明了。我看了你们的日记，有些同学已经懂进去了一点。

昨天讲到礼佛，说明在意识上观想礼佛的方法。礼佛后是赞佛，譬如我们念“南无阿弥陀佛”就是赞佛，皈依无量光佛、无量寿佛，就如念准提本咒一样，口念“南无阿弥陀佛”，意念上要观想礼敬阿弥陀佛及十方三世一切佛，以此回向净土，一切众生皆同声念佛，要有这个意境才行。这个意境属于一种想象，却是自我能做主的，如果做不了主的意境则是魔境，即使是佛给你做主的，严格而言，也是魔境，要搞清楚，这点非常重要。

现在接下去讲供养，一面礼佛，一面供养。你们学佛对于礼佛、供养的规矩都要学过，不依规矩不成方圆，要学会这些规矩才行。

以诸最胜妙华鬘，伎乐涂香及伞盖，
如是最胜庄严具，我以供养诸如来。
（同学们如法唱诵）

唱念在文学上叫赞颂，佛经上有时名之为赞叹，叹不是叹气，拉长声的谓之叹，赞叹不是悲伤的长声短音，文字上要明白。叹也不是哭一场，而是文学上所谓“曼咏”，像唱戏拉长声的唱，拉长声代表感情之至切。像唱诵这四句偈时，象征自己心意识恭敬之情升华到了极点。要注意，这段与前面的礼敬赞叹是连着下来的，在意识上的观想，念头这样一动，十方三世，尽虚空、遍法界，每一处都有佛，每一佛前都有我在礼拜、赞叹，并且供养。

佛教供养普通讲十供：香、花、衣、珠宝、末香、涂香、烧香、盖幢、伎乐、合掌。“以诸最胜妙华鬘”，这里提到了最美最好的“华鬘”，世界上最名贵的妙华，各种颜色的花朵编织成串、成环来供养佛。如花圈，可带在身上，也可挽在头发上。“伎乐涂香及伞盖”，伎乐，“乐”字念 yuè，伎是跳舞，跳舞跳得好也可以供养佛，像前几天有人要我跳舞，我不会跳，逼得没办法，只好来个《心经》舞，把《心经》的内涵用舞蹈表现出来。戏曼歌舞都属伎，打拳也是伎，拳打得好，也可以供养。乐是音乐，各种音乐都可供养，像西洋有些音乐，听得也能使人宁静安详。另外，涂香就是擦在身上的香料，如珍珠膏、珍珠粉，这些也都可以供养，又如冬天擦来保养皮肤的润肤油。以及平常吃的维他命，要用要吃以前也都可以先供佛。檀香水也属涂香。伞盖，挡风雨、遮太阳的用具都是。中国古代皇帝、大官等等，出门都有搭伞，印度也如此，而“盖”就包括很多很多了，像露营的帐篷也是。

“如是最胜庄严具”，这些最好——世界上最庄严的物品都可供养佛，连房子都可以供养佛。“我以供养诸如来”，我这些宝贵的东西，一切佛都供养，这不是口中念念、讲讲便得，意念上要真切诚恳，站在佛前或打坐，不一定要注重形式，上座修观以前，在这一念上先修普贤十大行愿，然后万缘放下，一念清净，如此没有不成功的。好，再念一遍，然后唱诵下文四句偈：

最胜衣服最胜香，末香烧香与灯烛，

一一皆如妙高聚，我悉供养诸如来。

（同学们如法唱诵）

这偈句比较简单些。十供养外，也有讲四供养的，即是饮食、衣服、汤药、卧具。现在讲衣、香的供养。新衣服要穿以前可先供佛，那要供多久呢？心到了，就到了，时间无定。末香——粉末状的香。烧香——中国人喜欢用烧香，檀香也用烧的。灯——油灯、各种灯。烛——蜡烛。以上诸物等等一一皆供养佛。你们唱到“一一皆如妙高聚”时“一一”的唱法，并不是唱本音，唱本音便唱不出来，如唱京戏，大王的大就唱“待”音，如果用“大”音就唱不出来了。唱念佛经，遇到“一一”，唱本音“一”也不容易发音，喉咙声音会像哑了似的，如果改唱“样样”的发音，大家唱唱看，是不是唱得比较舒服？其实一一的意思就是样样，如果唱“一一”到第二个“一”很难再唱“一”的音，硬唱会使喉咙出毛病的，这个道理大家要明白。修菩萨道要学习五明，大大小小的事物，样样都要了解。如果作诗填词的人，在这里的音韵就要另外选用，他绝不肯用两个“一”字的。因为诗词歌赋是要给人朗朗上口，唱诵出来，这才符合好诗的条件。像苏东坡的诗，就音韵而言，有时候有些问题，我们这位大诗人有时候很任性，唱不出来他还是硬用，所以他的诗词要打鼓唱，因打鼓唱，粗犷一点没有关系，而歌赋就不能这样打鼓，气势汹汹地唱。佛教唱诵更是不行，因它大都是安详柔顺的曼咏，因此你就要换字了。

再说“妙高聚”，妙高是须弥山，在佛教用以代表世界的中心，翻译中文是妙高山。譬如佛前供的曼达拉，四环是代表四大部洲。平常我们供佛，不要认为用这么少的米就要供养十方三世诸佛，不是的，它是一种象征，作供养时，心量的意境上就要扩大，要尽量观想成妙高山那么大。并不是买了两根香蕉供养佛，又想快快供毕，带回家给儿子、孙子们吃，这不叫供佛的。因此，供养时，心量要达忘我之境，心量有如无边无际的虚空，以我的全部都供养十方三世一切诸如来。再来：

我以广大胜解心，深信一切三世佛，
悉以普贤行愿力，普遍供养诸如来。
（同学们如法唱诵）

那么，也许你会问，如上面所说的这样观想，不都是幻想吗？修行就是幻想吗？是的，修行就是幻想，幻想修成功了，就有神通妙用，因为神通妙用也是幻想。所以这个时候你要了解，妄想并非错误，妄想也可以是对的。“我以广大胜解心”，这心性之体本来就是广大无比的，当理通了时，这个幻想就不是幻想，而是功德。教理不通，没有悟道，修得最好，也是魔道。教理通了，修一切道都是正道。“我以广大胜解心”“深信一切三世佛”，为什么我的观想是一种事实，不只是理想、幻想呢？因为我们现在修这普贤行愿的观想，是依普贤菩萨的行愿之力，使之成为事实，而普贤（现）是无所不在的。

“普遍供养诸如来”，这地方也要明了，这个观想的意念境界是不是独影境？是不是带质境？它是好？是坏？就如观明点，先看这油灯的灯光，借之观想，这是带质境，但它是坏的东西吗？不是的，它不坏也不好。像现在你讲话，每个思想念头都是独影及带质境，就如今天早晨你们吃的稀饭是什么呢？（同学们答：地瓜稀饭）好吃不好吃呢？（同学们答：好吃）当下一面讲，一面意境就有影像，这是带质境，它们并不坏，你修得成功，妄即是真，真即是妄，就怕你妄也修不成，空也空不了。所以修一切法，有，一切皆有，当我们观想供养时，一切都是真的。修学普贤行愿是学佛的第一步，像我开始学佛，首先就是普贤行愿品及准提法这样一路上来，循此求证菩提，可以迅速成办，没什么稀奇。现在我把这二大殊胜的法门告诉你们，它包括显密一切法，我一向不大传密，这就是大密。

接下来你做到了礼拜、赞叹、供养后，再要你忏悔。下面四句偈，好好唱吧！

我昔所造诸恶业，皆由无始贪瞋痴，
从身语意之所生，一切我今皆忏悔。
（同学们如法唱诵）

讲到忏悔，必须彻底。像现在，你们修准提法，大家将身语意三业全部都投进去，全部把它转过来，即是真忏悔，忏者切断过去的错误，悔是以后不再犯错。不二过，不再犯了，颜回的不二过就是悔。另外，六祖解释忏悔，解释得最好，大家暇时还要把《坛经》请出来好好参究。忏悔后便是：

十方一切诸众生，二乘有学及无学，
一切如来与菩萨，所有功德皆随喜。
（同学们如法唱诵）

学佛的人同时也要做到“随喜功德”，不只是对佛菩萨要随喜功德，十方一切诸众生的功德也都要随喜。这世界上各个不同的社会，有很多人并不学佛，也不修道，也不信宗教，但他们是菩萨，所做的事是对的，这也都要随喜。不要认为你们出了家，念佛拜菩萨，学禅修密才是对的，如果你们自己认为自己才是对，那你所修学的则是魔道。现代社会上很多众生都是佛菩萨转生来的，一切众生的所有善行就是佛的善行，所有十方三世一切众生的善行功德，我们都要随喜。有利益他人，能替人解决烦恼、麻烦，这就是行菩萨道，都要随喜。

此外，“二乘”是指声闻、缘觉。“有学”则指尚未证果、还在学习的，“无学”则是证果的阿罗汉。这些等等小乘境界，有一点功德善行，我也都随喜、赞叹！所以有些人只管自己，不管他人，虽有不足，只要真实修行，我都随喜，一切如来与菩萨，所有大大小小的功德也都随喜。那么，什么叫功德呢？做事有贡献，有成果的都谓之功，有效果的累积起来谓之德，功是功，德是德。如污染之地，你把它洗净了，这也是功德。无功不叫德。不是要人出一点钱，就是功德无量，出钱者是有功德的，你受的人有功德吗？真要修得有功德，则要三轮体空，不为自己。所有一切功德，我皆随喜，如举手之劳，也都包括在内。但别人约你一同做坏事，则不能随喜。像照顾大家安全的，注重众人每个小问题的，这也是随喜功德，每个人都应学习去做，不要说那不是我的工作，各人自扫门前雪，不去管它。接下去：

十方所有世间灯，最初成就菩提者，

我今一切皆劝请，转于无上妙法轮。

（同学们如法唱诵）

再来讲请佛转法轮。世间灯象征为人天众生眼目，给人智慧光明的善知识、明师，他们明澈的心灯，照亮了世间的黑暗。良师益友就是世间灯，所以一个有智慧、有成就的人，可以传佛法的心灯，不使灭绝。能够为一切众生指点明路的十方所有大善知识，我都劝请，祈求他不要涅槃，保持身体健康，活得长久，多多利益众生，多多住世救度世人。世间灯不一定是传佛法的，只要能救世救人的有用的学问都是。

“最初成就菩提者”，即是佛。他在菩提树下悟道成就正觉。此处所指最初的就是最后的。佛在《金刚经》上有言，他多生累劫以前，在燃灯佛那里授菩提记的，最初这一悟，与这一生菩提树下所证的这一悟是同一个东西。所以《华严经》上告诉我们初发心即成正等正觉。故最初成就菩提者是成了佛、悟了道的人，这所有“我今一切皆劝请，转于无上妙法轮”，劝请他们不要入涅槃，不要离开人道，多留在世间，多教化众生。因为善知识是随顺众生的需求的，有时遇到太过痴笨顽冥的众生，并不好受，众生不愿被教化，那么善知识也会想走的。所以菩萨要拼命劝请诸佛、善知识们，长久住世转法轮，紧接着：

诸佛若欲示涅槃，我悉至诚而劝请，

唯愿久住刹尘劫，利乐一切诸众生。

（同学们如法唱诵）

如此劝请即是普贤行者，修普贤行的人都是如此，所以佛、善知识教化上厌烦而想入涅槃，都跪在他们前面至诚劝请，“唯愿久住刹尘劫”，希望他永远住在六道中，因为这肉体一丢掉了，再来是很麻烦的，尽力要求佛住世“利乐一切诸众生”。

所有礼赞供养福，请佛住世转法轮，
随喜忏悔诸善根，回向众生及佛道。
（同学们如法唱诵）

修普贤行的人，由礼敬、赞叹、供养等等，乃至劝请如来住世转法轮的功德，以及随喜、忏悔等等所修善根的功德，都要回向给大家，回向一切众生都成佛道，这是真正的修行人。像刚才大家这么四句四句地唱念下来，清净不清净？（同学们答：清净）不要以为唱念没有什么，认为它是小小法门、软修法门而已，今天你如果有烦恼，心中有痛苦，到佛前一站或一跪，将四句偈子虔敬赞叹地一唱，要掉泪要哭，你就哭着唱，所有心中的粗气、业气，全部都把它唱出来，也等于练气功的吐故纳新，很容易清净就现前。

现在我们所讲《普贤行愿品》属重颂部分，原经的长行里其实已有很详细的说明，这些非精读不可。学佛修行要正思惟，不要一天到晚只有空想、妄想、痴想一些世间俗事。现在再讲“常随佛学”，这一项大家唱诵一遍，唱诵经文时，一字一句所表达佛所说的意思，全部身心都要投进去，老老实实地下到阿赖耶识种子里去，至诚专一，这是我一再强调的。

我随一切如来学，修习普贤圆满行，
供养过去诸如来，及与现在十方佛。
（同学们如法唱诵）

这四句偈看看文字都懂了吧！怎样才是修习普贤圆满行呢？嘴里念过就算了吗？尤其既然辞亲出家修道，所为何来？正是要随时随地修习普贤广大圆满行，从身口意三业起修，真能做到了，大小乘的戒、定、慧都在其中。大家随时随地要记到这十大学佛要点，融入自己的内心，化成自己的行为，切实奉行，何患不能速成无上正等正觉！

现在要讲常随佛学，你们不是出家学佛吗？学佛不是皈了依、受了戒、吃了素，就算数了。像我学佛的法缘，第一步就遇到明师，给我一本《普贤行愿品》，嘱咐我回去好好念，我依教奉行，早晚念诵。当时年纪虽小，却很快便融入普贤菩萨那种无比伟大的心境里。现在我也给你们一本，也要你们细读，但你们大都把文字随便念过就算了，没有好学深思，没有恳切发心，真正的忏悔做到了吗？普贤菩萨广大行愿为基础的菩提种子真种下了吗？别以为在禅堂做做功夫，修修气脉，说说几句口头禅，有时得到一点感应就对了。身为一个修行人，身心行为没有合乎普贤行愿的标准，有用吗？

那么，怎样才叫作学佛呢？“我随一切如来学”，释迦牟尼佛的“诸恶莫作，众善奉行，自净其意，是诸佛教”，普贤菩萨等愿行，乃至药师佛的十二大愿、阿弥陀佛的四十八大愿等等，诸佛菩萨的伟大行愿，从自己的身心上切实奉行，第六识的意根，随时随地挂念着这些佛菩萨大慈大悲的精神，将它慢慢深植在自己的意根里，最后融入整个阿赖耶识中，如此，八识田中的业识种子就转化了。最近讲《楞严经》，提到观世音菩萨以一切身度化六道群灵的愿行，不就是最值得大家全心全意效法的吗？大家学佛一开始就该“修习普贤圆满行”，开始圆满，最后一定圆满，开始的道路正，最后的目的也一定正，《普贤行愿品》前面几段曾讲到供养诸佛，现在再次强调“供养过去诸如来，及与现在十方佛”，开始先说了供养，现在又回转过来说供养，《维摩诘经》上也说，所有供养中，法供养为最。但若以为那我就法供养以外，其他的全免了，这也不行的，除了物质四事供养以外，还有身口意三业供养，譬如修准提法，昼夜专精修行，至诚恭敬，在修法念诵中不动任何妄念，这就是法供养，真供养。现在大家还是再把这一偈念一次，注意，不要马虎地念过去，身口意三业专一地念，如果马虎随便，那一点功德都没有的。功德是要下“功”夫才有所得（德）。现在唱下一个偈子：

未来一切天人师，一切意乐皆圆满，
我愿普随三世学，速得成就大菩提。
（同学们如法唱诵）

本来这些偈子是一篇连到，整体一气呵成，我们为了唱诵方便，乃把它每四句分为一节。这里提到“未来一切天人师”的“天人师”就是佛。注意！学佛不要迷信，佛者是行师道，教化一切众生。教主是我们尊崇他的，佛的本身无所谓这些，千万不要因此而搞成封闭式的宗教，现在宗教都有排外性，搞宗派法脉等错误观念。我们皈依佛是皈依正知见的佛，不是结党营私，像搞政治派系一样。一般人信宗教都没有像佛那么伟大的胸襟，要知道佛是天人师，胸襟恢宏，不可限量。若以神而言，神的度量都比人大多了，“聪明正直，死而为神”。往往人的度量反而最窄了，有时鬼的度量都比人的度量大。量大，福才大。没有量则没有福气，所以成佛是要何等的度量啊！佛不仅是人中之师，还是天人之师。我们平常讲天人师，如何是天人师的精神呢？这一定要好好弄清楚。

佛是天人之师，可为帝王之师，也可为玉皇大帝之师、大自在天主之师，所以三界天主都来皈依，赞拜不已。这些一方之主都不是因为命令而来的，乃是本乎至诚的恭敬前来受教。是你的德性到了、智慧够了，则可为天人之师，我们要学这个精神。常随佛学要如此依法而学，不要自以为修行有了一点门道，做了一点好事，或者一出家便我是比丘！我是比丘尼！自大骄慢，目空一切，那就糟了。如果你智慧功德真修到了，能包罗万象，做到菩萨的四摄行，自然能为众生福田，当然可成佛，成天人之师，最近你们都有点进步，至少少病少恼，这是修法得益的现象。所以大家无时无刻要随佛学，随天人师学，学他的精神，修一切供养，戒、定、慧三学一切依教奉行，六度万行、三藏十二部的一切行门都在学习之列。一切即一，一即一切。如此等将来诸位出去弘法时，一上座就忘我，身心全投进去，自然说法无碍，得到他力不可思议的加被。

再说“一切意乐皆圆满”，这“一切意乐”包括了大家自己本身及佛、善知识两方面的意乐。众生若能于日常生活依教奉行，则佛、善知识自然意乐。佛与善知识最大的愿望是一切众生皆成佛，离苦得乐。比如密宗的事师法五十颂及其他经典都提到，要使善知识高兴——意乐，只要认真修行，依教奉行，如法而修，他就心满意足，如果你不堪受教，整天做孺子不可教也的事，自认为对，我行我素，迷迷糊糊堕落下去，那善知识也只好感慨地等你慢慢再来，等你真忏悔了以后，再来帮忙翻身。所以，这意乐是双方面。只要你修行成佛了，智慧、功德圆满，意乐也必圆满。佛与众生无二无别，一片和谐。这段文字是上下连贯的，现在跟你们讲了，你们懂了，就要照着去做。因此下面就跟着说“我愿普随三世学，速得成就大菩提”。大家快快地大彻大悟、成佛吧！请再唱下面文字：

所有十方一切刹，广大清净妙庄严，
众会围绕诸如来，悉在菩提树王下。
（同学们如法唱诵）

关于现在我们所知释迦牟尼佛的一生，是依我们这个娑婆世界众生所见而言。十方三世一切诸佛在此成佛，大多都以这个模式示现。释迦牟尼佛在菩提树下悟道前有六年苦行，这说法为南北传大小乘佛教学者所共认，但出家成道的年岁则众说纷纭，莫衷一是。尤其悟后佛之说法的内容更是大有争论，南传佛教肯定佛先说小乘法门，即《四阿含》等经，这种论调，在十七世纪欧洲一些学者，及日本学者，都称之为原始佛教、真正的佛教，而对其他一切大乘经典一概否认，说它们是后来的人假托上的。他们以佛出家在菩提树下悟道后说四谛、十二因缘等法为佛法中心，“诸恶莫作，众善奉行，自净其意，是诸佛教”为修行旨要，并以证得大阿罗汉的涅槃为究竟，以为涅槃后就不再来，没有菩萨道这回事。

而大乘道之显教、密教都说：佛在菩提树下成道后，先说《华严经》，不过不是为这个世界上众生说的。在菩提树下初成正等正觉，升天宫说法，为天人开启华严大教，在人道中，则先说四谛法门。原来，佛在悟后，首先示现并不准备说法，而是马上要入涅槃，因感动了帝释天人来请法，求佛不要入涅槃，因佛多生累劫的大愿大行在于利众度生，现在成道了，何不大大竖法幢，普利人天呢？而佛则有“止！止！我法妙难思”之叹，这个世界上的众生智慧不够啊！后来佛慈悲答应帝释天人的请法，乃开示了许多方便门，以一乘法敷演三乘、五乘等教法，说法四十九年。现在我们讲要跟佛学，供养十方三世一切佛，那么在这娑婆世界上，佛是已经示现了涅槃，但真涅槃了吗？没有。《华严经》的赞颂中就有“一切十方无边佛”“湛然不动无往返”等句，佛是无去亦无来，没有涅槃的，他的三身在十方一切刹土里，一切世界里都在。

真正讲起来，释迦牟尼佛一生的教化，也只不过是佛在这世界上一位化身的示范而已，所以华严境界与大乘戒之《梵网经》上说：释迦牟尼佛乃千佛中化身之一，其报身为卢舍那佛，法身就是毗卢遮那佛。因此，以前大陆上的寺庙，大殿上大都塑了三尊一样的佛像，即是代表佛之法、报、化三身。后来道家也仿造，名之为“三清”——上清、玉清、太清。而所谓的“三门”是一、二、三的三，不是山门，代表戒定慧三门。在大乘佛教而言，佛具三身，并没有入涅槃，法报化佛身遍满一切刹土，他还在说法，永远在度生，释迦牟尼佛并没有离开这个世界，以不来相而来，以不去相而去，无去亦无来。十方所有一切刹土中，皆是佛“广大清净妙庄严”的不思议道场。庄严清净就是佛境界，所以你心中的庄严清净也就是佛境界。我们跟着佛学，成佛以后，亦无来去，众生有尽，我愿无穷，每位佛都没有涅槃，都是再来人。

“众会围绕诸如来，悉在菩提树王下”，在十方一切清净庄严刹土，清净妙庄严之佛境界，每位佛与释迦佛一样地说法，一样地“众会围绕诸如来”，佛在说法，其他佛也派代表来听法，“悉在菩提树王下”。我们现在跟随佛学，对于佛的教化、佛的愿力行为都要懂得，而为何要这样做呢？答案即在下文。我们还是再把它念一遍，再唱下一节：

十方所有诸众生，愿离忧患常安乐，
获得甚深正法利，灭除烦恼尽无余。
（同学们如法唱诵）

前面提过，你们出家学佛是为了证得菩提，悟道成佛，不是为了混饭吃，也不是为了吃素、念念经而已。这是要发狠心，突破根深蒂固的贪、瞋、痴恶习，开启本具的智慧光明，济世利生。所以说修行人学佛悟道成就时，事情反而更忙。佛是为众生担负一切烦恼苦难的，成佛后，乃是利益众生更进一步的开始。佛是世界上的大忙人，是无事忙的忙人，爱管闲事的忙人。老实说，众生的苦恼与佛何干呢？只是佛大慈大悲之故，他偏要救，这就是佛的精神。修行人要如此，才是真学佛。

然而你们学佛是这样的吗？若以为到山里去住茅蓬就好了，这是学自私，是偷懒、是造业，难免贪图供养之嫌，一粒米、一滴水都是别人供养你的，你不劳而获，哪里是学佛的精神呢？学佛的精神就在这里，注意啊！学佛要修福德智慧，济度众生，会更忙、更辛苦，不是逃避现实。看看现在好些人悄悄地跑开，说是找个茅蓬清修去，当然闭关清修在学佛的过程中，于某个时候某种情况是有其必要性，然而动不动就要避世隐遁，是否另有隐情呢？至于真正的清修是什么，一个人怎么清修，都还是个问题。学佛仍是要供养一切众生，哪有反受众生平日的供养呢？你有这功德受人供养吗？无德无能则不足为众生之福田，除非有“佛陀”这种普利人天的精神，才能接受供养。

我们请佛住世说法弘法目的何在？“十方所有诸众生，愿离忧患常安乐。”不只人才有痛苦，一个生命的存在就可以说是痛苦。我们如果从佛法“苦谛”的角度来下个哲学定义：什么是生命的存在呢？痛苦的延续、烦恼无尽的纠缠就叫生命。十方世界所有生命都在忧患痛苦烦恼中，但众生都看不清现实，不知也不愿离开忧患痛苦——离苦得乐。我也常说：世界上讲哲学都有个共同的目的，就是要人离苦得乐，平安快乐而活。而世界上是求不到平安快乐的，只有证得菩提才能解脱这些苦恼。生命真正的安乐是要“获得甚深正法利”，正法就是佛法，佛法包括一切法。千万不要说到佛法就只直接想到大殿上的佛像之佛，认为除此以外，其他都不是。世间上一切法皆是佛法，证得般若悟了菩提，则一切法无邪也无正，未证则说正法也是邪法。难道你说你的正，我的就歪了吗？这是甚深般若的道理，一般众生难以理解。

要获得甚深之正法利，才能“灭除烦恼尽无余”，证得无余依涅槃。涅槃有两种：一者有余依涅槃——罗汉境界，一者无余依涅槃——大乘佛道。无余依涅槃若以唯识法相而言，包含三种含义：虚空无为、择灭无为与非择灭无为（非功用之用）。所谓无为即是无余，无为只是法相宗以中国古有名词翻译的另一种用法。学佛要真正达到涅槃，才能真正灭除烦恼。未证得菩提、涅槃之前，烦恼的纠缠终是难免，就是菩萨也有烦恼，除非圆满成就佛果。

大小乘佛法，都讲苦、集、灭、道，要灭除一切烦恼，除非得道。集是苦的因，苦是集的果，道是灭的因，灭是道的果。只要得了道，烦恼自然灭除。那么成了道的佛，为何又那么辛苦地说法呢？像本师释迦牟尼佛，自己证得涅槃以后，四十九年东西奔波，来来往往地说法，不辞劳苦，就是为了要度众生离苦得乐。这种毫无保留的利他精神，我们应该学习。所以，学佛不是逃避现实，不是独善其身。像你们平常只愿自己打坐清静，为了点小事便与人大闹意见，给人眼色看，说别人的是非，这是学佛人的本色吗？凡是使众生起烦恼，陷众生于忧患痛苦，就是在造恶业，甚至造的是地狱种子的业。所以了解普贤行的人，应常使一切众生生欢喜心，离苦得乐，这才是学佛的精神，也才合乎常随佛学的道理。

这些文字你们看来都懂，但由于缺少好学深思，故懂是懂，始终无法细腻深切地体会经中的奥义。学人要深入经藏，非得切实发求证心仔细参究，并将所读经文彻底回归于自己内心不可。一切经论到头来都超越他人的注解。要直接阅读原典，以完完全全恳切朴实之心，彻底投入，才可亲尝法味，获益无穷，现在再唱下一偈：

我为菩提修行时，一切趣中成宿命，
常得出家修净戒，无垢无破无穿漏。
（同学们如法唱诵）

佛陀身为太子，他以储君的身份出家，抛开令人羡慕的宫廷富贵，最为殊胜难得。他是真能放得下贪欲等诸烦恼的伟大圣者。“我为菩提修行时”，譬如大家不论出家、在家修行，所为就在求得菩提。可是这一生能否证得菩提，还是个未知数。希望你们这一生便能成就。而这一生证得菩提，也还不算成佛，即使大彻大悟，乃至三身成就也不算圆满成佛，真正完全成佛则同释迦牟尼佛与未来的弥勒佛一样，在无穷的劫数中，要登上教主的宝座。其实也没有什么宝座不宝座，它意味着在一期的法运中，出世教化三千大千世界的众生，宣扬正法于久远劫，成一代宗师，圆满无量功德。要这样才是修行最究竟果位的完成。

所以，我们现在还只是在这修行的道路过程中而已，为了证得无上菩提而努力，发愿与释迦牟尼佛修行时一样，生生世世在六道轮回中上求下化，这就是“一切趣中成宿命”。如果在六道轮回中来来往往时，不敢作牛、作马，你还是个顶天立地的大乘行者吗？何况说不定来生你便要变猪、变狗啊！千万要如此学佛发愿，“一切趣中”，六道五趣包括天、人、阿修罗等一切趣中，都有佛菩萨转生示现的教化。佛菩萨所济度的不止我们人而已，所以我们要赶快发愿修菩萨行，转到“一切趣中成宿命”，这样最后才能圆满佛果。

谈到宿命，宿命之根和种子，是不会掉失的，就像你们起初学佛，不管是真是假，生生世世下来，最后总是会发心出家精进修行的。这就是阿赖耶藏识中，有这学佛的宿命种子存在，没有这种宿命的善根，你要他信佛，他是死也不干的，不可能走上这条成佛之路。那么学佛又为何要在六趣中轮转呢？因为在六道中轮转、精进，能够面对种种苦难，磨炼菩萨百忍不慓的心态，长养解脱烦恼的智慧，成就重重济世利生的殊胜功德，转得愈深，堕得愈深，福德智慧的成就愈大。但这种堕落是菩萨的堕落，乃秉承普贤大行的慈悲愿力而来，与一般凡夫贪求五欲，作业造罪的堕落不可同等而喻。所以所谓“一切趣中成宿命”，是就我们发无上菩提心，在无余趣中修道行道而言。学佛要修到在六道任何一道中，都晓得出家修持净戒。出家不一定当和尚，和尚只对人道的出家而说，一切趣中都有发心出家的有情。狗道也有狗出家的，像一位同学家中，有条狗生了一场大病，他求大悲咒水治好了它，病愈后，便不再吃荤，这也是一种出家，是心出家，企求跳离畜牲道之苦的初步发心。这就是“一切趣中成宿命，常得出家修净戒”。

那么，既然出家讲求的是心，为何我们又要有身的形式出家呢？这是为了在某个修道过程，免除情爱欲的拖累，专心进修；同时也为了佛的正法，需要有人示现正式的名分角色来住持传续。出家修持净戒，包括了比丘、比丘尼、菩萨、三昧耶等显密戒律，而其终极的核心是“菩提心戒”。我们现在讲的

《普贤行愿品》正可以作为它的具体表征，行得普贤行便能做到“无垢、无破、无穿漏”的境界，心中没有一个垢秽的念头，并且一切心行“无破、无穿漏”。譬如烦恼生起，就是有破漏，有所遗憾。孔子的门生子夏说：“大德不逾闲，小德出入可也。”这是子夏论为人处世的方便谈法，还是有渗漏之处。“大德不逾闲”，根本性的伦理道德不要越轨超过范围，至于一些无伤大雅的小毛病就原谅一点没关系，一般人道中的标准也只能如此。其实要做到“大德不逾闲”也颇不容易。而“无垢、无破、无穿漏”的漏尽通境界，在生命修养的层次而言，乃是臻于没有一点空隙，极严密庄严的地步，一点小小的戒行都自然而然合于本分，没有丝毫不如法的差错。以此标准而言，要修得了无漏果，才能算是真正守戒，也才算是真正出家。

我们若能随时安住佛制的道德净戒中，则可真实体会出寒山诗“吾心似秋月，碧潭清皎洁，无物堪比伦，教我如何说”那种心行如明月般无垢、无破、无穿漏，昼夜恒常清净无瑕的现量境界。如现在你们修准提法，心观月轮上唵字，二六时中，刹刹那那毫不丢失，在绵密的观照中，一点念头来就化开，任何杂想无隙可乘。月轮上唵字之观想，如果有一时不在，便属渗漏，如果掉了半天，才再想到提起观回，这便早就漏光了！问问你们自己，像现在修法，一天漏了多少呢？好像是随时都在漏丹中，对不对？唉！要努力啊！要真正“无垢、无破、无穿漏”，才是常随佛学的出家行。再把这一偈全心全意念一道，下面唱下一偈：

天龙夜叉鸠槃荼，乃至人与非人等，

所有一切众生语，悉以诸音而说法。

（同学们如法唱诵）

上面一偈讲出家行，现在则讲入世行。“天龙夜叉鸠槃荼”，天是忉利以上欲界、色界、无色界诸天，龙是指龙神，夜叉则属修罗道之一，介于天道与人道之间，勉强可说是一种勇健怒目能飞腾空中的大力鬼，但并非鬼道众生，另外，鸠槃荼为一种啖人精气之鬼，以上三者加上乾闼婆、阿修罗、迦楼罗、紧那罗、摩睺罗伽，总称天龙八部，这些佛学的普通常识大家应该晓得，在此不赘。那么谈到入世行，则三界六道中，各类众生的语言都要通达。这是最初步。而我们呢？人道中各国语言都学不好，怎么还谈得上其他，更谈不到为了宣扬佛道而“悉以诸音而说法”了。

这是一件很难的事情，但并非不可能，只要大家能把“陀罗尼”学好、修好，就能通达一切众生的语言。比如《佛祖历代通载》或《高僧传》中，印度有好几位高僧大德来到中国，他们原不懂得中国文字，为了翻译经典，就那么一入定，一发愿，或念个咒子，马上便能写出中国字来，虽是不可思议，若修行能到相当的证量，不难了解其中奥秘。你们做不到，即是信心、念力、定力、行愿等等的修持不够。“悉以诸音而说法”，当然也包括在魔道中说法，有时是在定中说法。天龙八部、人与非人等都要与他们做朋友，这包括在修学菩萨道的“四摄法”——布施、爱语、同事、利行——四事之中。要度众生先得与众生交往，透过他们的语言，了解他们的思想情感，以推心置腹之心，或做种种布施，或予关怀安慰，乃至同心协力共事，以种种方便帮助对方，如此方好度化。并且不只是以各类众生的音声言语而说佛法，像我要你们多读英文《圣经》，并且请人开多少世间法的课程，都对佛法的弘布有相当帮助的作用。如果你们将来要到欧美弘法，便要学会英语等外语，而且人家的《圣经》文化也要懂。对欧美人士讲说佛法，光用我们这一套佛学名词，行不通的。布教师一开口便是般若菩提，不深入了解他们的文化内涵与思想观念，从中因势利导，则说也差不多等于白说，印度佛法初传我国的那一段宝贵经验足供大家仔细回味参考。至于说，讲法有人帮着翻译即可，然而翻译工作不只是懂得外文便行，如果讲者的中文译者也没真听懂，这岂不成了以盲引盲吗？

所以你们至少也要赶紧学好“人”的语言，否则这些年的米饭钱是十方的供养，来之不易，将来这个账怎么还呢？“佛门一粒米，大如须弥山”，千真万确，能不谨慎惕励？

现在大家继续唱诵接下来的偈子，唱诵时要以我前几次所提示“心气合一”的方式，则功效必大，唱吧！（有关“心气合一”法门，载于《心闻洞十方，当然获圆通》一文，附后。）

勤修清净波罗蜜，恒不忘失菩提心，
灭除障垢无有余，一切妙行皆成就。
（同学们如法唱诵）

刚才要大家好好修学，为什么呢？因为你们没有“勤修清净波罗蜜”，你们外表确是规规矩矩坐在禅堂里持咒，而内心离精诚专一尚有一段距离。你们心不清净，所以影响到声音不够清越空灵，精神的透发力不足，根本的问题出在菩提心的发起不是很真切。那么什么是菩提心呢？简单地说就是求道这一念心，普度一切众生这一念心。只要有这么一念心，精神就来了。菩提心包括很多，大悲心也是，求证宇宙生命本源的心也是，此心要恳切真诚，恒不忘失，随时随地“善护念”，有一点不如法，自己就要起惭愧心、忏悔心，因为即使暂时或忘，些许懈怠，都是很严重的。假如真能昼夜二六时中道心不忘，则是“勤修清净波罗蜜”。清净波罗蜜是括尽一切到彼岸的法门，只要是能使大家达到清净境界的就是。这种向道济世的大菩提心一起，念兹在兹，即是清净波罗蜜，所谓“初发心即成正等正觉”，自度度他，何患不迅速成办。

我观察你们，七七四十九天的专修，刚开始那两天真是好精进，大家问问自己，那时候一堂修毕下座，钟鼓咒声是不是都还在？（同学答：是）现在还有没有呢？（同学们答：没有）为何没有再这样的感应呢？这要惭愧啊！然而你们更不知道另外的感应还是有的，只是非你们的境界所能懂得罢了。“初发心即成正等正觉”，只要保持刚开始那种心境来修，一路下来，绝不白搞的，自然能够“灭除障垢无有余”。无有余是一切业障都没了，罪业一切消除净尽，不再有任何的阻碍，如此“一切妙行皆成就”，夫复何难！

像你们连这念诵法的窍门都没有把握好，其他百千万亿之妙行，不可胜数，何时才成就啊?！——驴年吗？现在修准提法，念念要在这里头祈求，在这中间用心，身心全部都投进去。大家把这一偈再念一道，并唱下一偈子，这段还在十大愿的常随佛学中。

于诸惑业及魔境，世间道中得解脱，
犹如莲华不着水，亦如日月不住空。
（同学们如法唱诵）

照上面的理论与实际跟佛陀学，随着普贤菩萨的广大愿行学又如何呢？所谓愿是心愿，真是这么想，便这么做，可以消灾除垢，转识成智，生起无量大乘妙行，而“于诸惑业及魔境，世间道中得解脱”，惑业即见思二惑，乃三界烦恼的通称，凡夫生死流转之因，包括我见、边见、邪见、见取见、戒禁取见等妄执及贪瞋痴慢疑等迷情。这些烦恼乃至魔境其实也没什么不对，没有什么好怕的，只要你能当下解脱，不为所转便是。不转时是凡夫、魔道，一转则是佛、菩萨。而佛法就在世间，你说要到哪里去找呢？一定要到山中才能求清净吗？山中本来就很清净，何必再求清净呢？就在不清净的地方你能清净，才是佛道。所以这段特别点出“世间道中得解脱”，在万法纷纭中成就大自在，一切不离世间道，作为一个人，如果不出家，只要他规规矩矩谋生，为人处世合乎人道，一样也可以解脱。

我们学佛学道者，往往为了去掉见思惑业的纠葛及魔境阻难，反而将自己弄得焦头烂额，神经兮兮的。要知道诸法无常，见思二惑无常，魔境也无常，无常连佛都不能转，魔能够吗？并且我们修行人容易有个毛病，所谓“出了一个家，又入了一个家”，抛开世间法的得失，却计较起出世法的种种来，将世俗贪瞋痴那一套带入佛门，处处分别谁高谁低，谁是谁非，反而扯出一大堆烦恼祸根，实在可笑。净土宗莲池大师悟道偈云：“焚香掷戟浑闲事，魔佛空争是与非。”到了最后魔佛都是一样。佛法的精神在于莲花出于污泥而不染，烦恼中能现菩提，恶境中能得清净，“犹如莲华不着水”，却生于淤泥水。下一个比喻更好，“亦如日月不住空”，看太阳月亮天天上升，天天下沉，今天接着明天，明天接着后天，活活泼泼自然轮转不已，不住于一个固定的空间。而我们修行人若守住一个空，以为空的境界才是道，那已错了，等于着了魔，学佛若执一法为是，那着的是人天魔、罗汉魔，乃至佛魔。真空无所住，洒脱自在，活泼自然，不但如日月不住空，也如飞鸟翩翩掠过，空中不留丝毫痕迹，这是无着解脱。佛法讲空，其实就是讲妙有，你们修准提法念到专一的时候，心心都在佛境界，一字一声地念，念念“犹如莲华不着水”，是有莲花，不着水而已！是清清净净的有，非呆板死寂的无；念念“亦如日月不住空”，并不是没有日月，不固持某一个位置而已，念念即空即有，即有即空，以此理解的心情开开心心修去，怎么不成？再唱下面四偈：

悉除一切恶道苦，等与一切群生乐，
如是经于刹尘劫，十方利益恒无尽。
（同学们如法唱诵）

这常随佛学的重点结论就是“犹如莲华不着水，亦如日月不住空”，这也是佛法的真精神所在。大家学佛气派要大一点，不要那么小里小气，小里小气者，小乘路都不能走，何况大乘？而佛之所以能够成佛，这是关键，大乘道是入世的，“犹如莲华不着水，亦如日月不住空”，烦恼即菩提，处处无家处处家，即空即有，中观之道，最须求证。不是道理说得好便了不得，那只是思想而已，思想不等于佛法，若以为是，那佛法也变成了魔法。学佛是要将所有的身心都投进普贤行愿海中去求证体会，如此则能成佛而“悉除一切恶道苦”。换句话说，不但不受下三道之苦，却能享受天人境界之乐。天人境界之乐粗分为三：乐——欲界之乐，明——色界之乐，无念——无色界之乐。于此三者佛能受用而不住，“犹如莲华不着水，亦如日月不住空”，然后方能“等与一切群生乐”，等与是平等地施与，平等地给与大家快乐。

话说回来，如何是普贤如来的境界呢？“等与一切群生乐，如是经于刹尘劫，十方利益恒无尽”，自利利他的这种功德成就，不管经历多少劫数，十方三世一切众生都要给它离苦得乐才行。没有听说哪一位佛的愿满了的，或事情做完了的，佛菩萨永远有做不完的事，“虚空有尽，我愿无穷”，众生苦难的时候，正是他再来的时候。“十方利益恒无尽”，想尽办法要给十方三世一切众生都离苦得乐，这是佛菩萨们的真实行履处，你们真有心要亦步亦趋，追随不悔吗？

再来轮到“恒顺众生”这一项。大家不是光用耳朵听，要用脑筋，用心听。学佛修菩萨道的人，要常常追随顺着众生的愿望而修。恒是常的意思，随是追随。现在要讲的八句，表面文意比较容易，大家至诚恭敬地以赞叹心来唱诵，也是一种宝贵的供养，合于赞佛功德的道理：

我常随顺诸众生，尽于未来一切劫，
恒修普贤广大行，圆满无上大菩提。
所有与我同行者，于一切处同集会，
身口意业皆同等，一切行愿同修学。
（同学们如法唱诵）

恒顺众生，这一点最难。学佛的愿力并不是每一种都难，恒顺众生这一项我们反省看看自己学佛以来，做到了没？父母也是众生之一，你有没有恒顺父母的意思呀？父母许多合情合理的要求和教导，你们都遵行了吗？（部分同学答：没有）这岂非不孝；兄弟姊妹等等亲人也是众生，你也时常满其所愿吗？——没有。所以尽管大家天天念“往昔所造诸恶业，一切我今皆忏悔”，真忏悔了吗？如此学佛又有何用?！所以我常说“本欲度众生”，结果“反被众生度”，都是众生来度我们，是不是？（同学们答：是）那么我们还有资格学佛修菩萨行吗？菩萨行是“常为众生不请之友”，如《维摩诘经》上所说，是顺他利他，非依我从我。如果一位教育家、宗教家做到了恒顺众生，不成就也成就了。

为什么我们不能恒顺众生呢？（同学答：我见、我执）对的！我见、我执，所以达不到无我的境界，岂能做到恒顺众生呢？天天说大乘，却只会为自己的利益而大自己的乘，一点也不肯奉献，有一点牺牲便自觉了不得，说什么大乘来着？这里许多人只要一听到了冬天有打七，就拼命钻回来，因这个地方恒顺他呀！而平常一有事情就赶快溜掉，哈哈！这是学佛的吗？连做一个凡夫都不够格，其他又何足道哉？像现在大家共处一堂修准提法，便要生起这恒顺众生的情境，日后切实做到行到，并且“所有与我同行者，于一切处同集会，身口意业皆同等。一切行愿同修学”，既然有缘一起在这准提海会中精进，便应同心同德，共此普贤愿力与准提菩萨之大悲心，合于“六和敬”的精神，人人为我我为人人地修去。

再来，“所有益我善知识，为我显示普贤行”，所有利益我的善知识，比如这里的老师们各有专长，指导你们不同范畴的学科，让你们有所受用，这便是善知识，他们的行为也就是一种普贤行，别人能够利益我们，这种表现就等于一种普贤行的榜样，我们怎能不以自己所能去利益别人呢？多少年来我一直强调普贤愿行的重要，不学佛则罢，一学佛如果没有发起这个愿心，那一切免谈，自欺欺人而已。因此我连早课都要你们念诵熏习普贤行，平常做人处世也这么提醒。想想我们每天生活之所需，从小至老哪一样不得靠别人，这都是别人在为我们示现普贤行啊！仔细反省反省吧！

再说，如果有人反对修学普贤行，那便是恶知识，不懂佛法。你们今天“佛法难闻今已闻，中国难生今已生，人身难得今已得，善知识难遇今已遇”，就该好好努力，祈求善知识“常愿与我同集会，于我常生欢喜心”，常能与善知识共学，并使善知识常生欢喜心，这便是依法修行。这一偈讲祈愿，希望生生世世能遇善知识，并且对我常生欢喜心，我也对他生欢喜心，何以能做到呢？要自己真修普贤行。这一偈唱一下，并接唱下一偈：

所有益我善知识，为我显示普贤行，
常愿与我同集会，于我常生欢喜心。
愿常面见诸如来，及诸佛子众围绕，
于彼皆兴广大供，尽未来劫无疲厌。
（同学们如法唱诵）

“愿常面见诸如来”，我们做得到吗？（同学们默然）我们现在真见到佛吗？一切众生皆是佛，十方三世皆有佛，但见到了没？没有。见到是要见道之人方才称得上。故禅宗祖师告诉我们一句话：“日面佛，月面佛。”你们有没有日面佛、月面佛呀？又日面佛、月面佛应该怎么解释呢？（同学们答：随时随地都面对佛）每天每时，随时随地都面对着佛，与佛同在。至于说一切众生皆是佛，这还是理上的事，要证到才行。因此要你们先在意境上观想，早晚熏修，也算是时刻在面对佛。譬如现在修准提法，专诚念咒观想准提佛母就在前面，一心无其他旁骛面对着他。这意境上，先要把它观起来，千万不要认为意境是幻想，要知即假即真，即真即假，别因观不起来而说它是假的，不需要观。等你真观起来再说我不观，才是本事。就如吃素一事，没有荤菜吃，所以吹牛说我不吃，这是自欺欺人，满桌山珍海味摆在面前，香气四溢，而你饥肠辘辘，却能不吃不动心，这才谈得上真吃素。

“愿常面见诸如来，及诸佛子众围绕”，我们心境每天都要安住在这个境界上，修准提法念诵时，俨然如实身处准提海会，准提佛母庄严德相就在面前，我与一切众生、一切行者一心顶礼皈依，身心与佛母合一，无二无别。不要口念心却没有这个观想的境界，口到意识境界亦到，就这么一合掌，一礼佛，诸佛菩萨及诸佛子众围绕之景历历在目，纵然观不起来，意境上也要带到，假如你真能这样观想起来，修行就有点入门啦！再来，“于彼皆兴广大供，尽未来劫无疲厌”，试试看，做得到吗？假如点一炷香供佛，这炷香其实也不只供前面这尊佛而已，而是供养十方三世一切佛、一切尊者，他们前面都有我虔诚以香供养，这观想要有才行，一念之间就全就出现啦！甚至更要在这观想境上定住不动。还有这供养是要“尽未来劫无疲厌”，近事一切善知识、一切佛，而永远没有累厌倦之退心。你们修准提法供养佛，有时有没有疲厌感？（同学们答：有）答得倒是很诚实，疲得很吧！我不上来的时候，大家念得有气无力，我一进门，大家有神通似的，便念得很卖力。你们学佛到底为谁呢？倦怠感升起时，意境上佛母在吗？修行要“尽未来劫无疲厌”，假如你观想起来后能随时止住，那就有希望啦！所以禅宗祖师给你画一个圆圈中间加一点，成一⊙相，圆空中有这么一点，你一念定在此佛境界就对了啊！这就是止观。

像有些同学，前几天一面念咒，身体一面摇晃，自己还以为有功夫，摇得很好，我也让他们去摇，那是初步气机发动，暂时可以的，然而永远这样下去就不对了，应知时知量停住。摇的时候，你思想观念跟着受蕴走，被气脉的感觉牵引，这里难受，那里不对劲，此时就要有气魄，当下一念解脱了嘛！应该想到我觉得这里难受，就是心意识困在这里，为什么要别别扭扭地受困呢？大丈夫要求解脱，充其量就此死掉，一念放下，看它还动不动、痛不痛？所以看你在那儿摇，便知你心月轮这一念的观想并没有得止，真得止不会摇的。如果你说它要摇，我做不了主，那你又何必修行呢？修行人应做得了主才是。境界一观好止住，那还有什么受蕴之感呢？受蕴没有啦！即止即观，即观即定。再讲下一偈：

愿持诸佛微妙法，光显一切菩提行，

究竟清净普贤道，尽未来劫常修习。

（同学们如法唱诵）

这是学佛行者必然要遵行之愿，不管在家出家都应该“愿修”并“保持”诸佛的一切微妙法门。这个“持”字，一方面包括自己修持，一方面包括为佛法做住持，使不会断绝，常住世间。所以你们要好好修持，修这个法门，则一切法门都包含在内，如法奉行，成就不可限量，而有了成就方能真正为这个世界住持这个法门，利益芸芸众生。基本数九十万遍真念到的话，修行必然得利。现在我们七七四十九天，统计下来也只不过十一二万，要念满一百万遍，则需像我们现在每天昼夜称诵的方式专修一年。

现在世界修学佛法的，以密宗为例，许多人说他灌过顶，但问他咒语念满十万遍了吗？四加行的每一项切实做到了吗？答案恐怕不太乐观。所以目前你们能这样修，我倒是还感到高兴，如此修去，并发愿将来住持佛陀微妙之法，利益众生，那么便能“光显一切菩提行”，使菩提种遍洒一切国土，佛陀正法永远发扬光大。现在佛教是衰败了，我希望你们真能为佛教、为佛法发心。如何发心？必须自利利他，自己修成功了，才能“光显一切菩提行，究竟清净普贤道”。普贤者，一切处一切地，无时无刻不呈现，无处不在眼前，一切佛法没有哪一点不做到的。行到了“究竟清净普贤道，尽未来劫常修习”，此愿绝不疲厌，绝不中断，十方三世永恒遵行不渝，这是菩萨道的真精神。

这次开始准提法专修以来，在你们日记上，发起普贤愿心的人还蛮多，这是可喜的现象，真替你们高兴。（师特别赞许一月十二日晚间第一堂修法，大众不论在念诵或意境的专诚观想上配合得很好，并再次解析念诵与气脉等诀窍之理事，暂略）现在继续讲下一偈：

我于一切诸有中，所修福智恒无尽，
定慧方便及解脱，获诸无尽功德藏。
（同学们如法唱诵）

现在仍属恒顺众生的范围，是牺牲自我成就别人。什么叫修行呢？你以为离开父母、家庭，跑到山里去剃了头，说我出了家要成佛，这就是了吗？不是说出家不对，出家绝对是大丈夫事，非帝王将相所能为，做的是恒顺众生另一面的事，绝非遁世弃俗，一般众生是难解其中深义的。佛法不离世间，你结了婚，你的家眷就是众生，为什么还要惹他们烦恼呢？恒顺众生至少有两道意义，第一：包括善巧方便的教育方法，如《维摩诘经》及其他经典上所说的“先以欲钩牵，后令入佛智”。第二：一切诸佛菩萨的功德是从众生身上培养成就的，没有众生，便没有佛菩萨的功德；没有众生，你成佛干什么？

并且也根本成不了佛。

“我于一切诸有中，所修福智恒无尽”，学佛要于一切法中绝不漏失一沙一滴修习福德智慧的机会，亦即万行门中不舍一法，身口意三业任何小地方都要注意修持，“勿以善小而不为，勿以恶小而为之”。修持就在诸有中修，佛对众生说法有三有、九有、二十五有等等归类。一切有道，代表一切生命，六道一切众生皆有，即欲有、色有、无色有。学佛恒顺众生，需在一切世间法、六道诸趣中广修福德、智慧，由此成就。所以诸佛菩萨都化身再来六道诸有中，绝不逃避现实。现实虽是苦恼，真修行人、真成就者，就在大苦恼中精进解脱。有众生才有佛，有烦恼才有菩提，有家所以你们才出家，如果没有家，则出家从何而出？我们本师释迦牟尼佛成就了，终要再回来度家人，不是又入家吗？

“定慧方便及解脱，获诸无尽功德藏”，一切定、一切慧、一切度众生的方便波罗蜜及解脱之道，皆在一切三有六道中修，自然能圆满功德，成就无上菩提。那么，为什么要修定慧呢？因为三有中容易散乱，故入世须有定力，因为众生界中无智愚痴充满迷惑，故和光同尘需具慧力。修行人能入世而超然物外，此非定慧莫办，并且经由定慧也才能大启方便之门，济度众生。赞美是方便，凶你骂你也是方便，有时不凶压不住你们，因此我凶。这个世界大家喜欢当好人，难道我不懂而跟自己过不去吗？所以我一上来，你们就又卖力又诚敬地念诵；不上来，你们就有气无力地念，这样我如没有凶的方便，行吗？故骂呀、凶呀，捏拿得准也是一种方便波罗蜜呢！佛菩萨乘愿再来，他们的嬉笑怒骂皆是方便，种种正反面的教育法也是方便，而我们修行人一切方便波罗蜜也要在诸有中修，方能历练摸索出来。方便波罗蜜是十波罗蜜“施、戒、忍、精进、静虑、般若、方便、愿、力、智”中的第七波罗蜜。大彻大悟获得般若以后，不一定能够教人，还须入三有中，进修方便波罗蜜。“法门无量誓愿学”，世出世间一切学问，佛道、魔道皆要懂得。只要是在诸有中便须方便，而西方极乐世界则不须方便，因阿弥陀佛的净土方便波罗蜜已经成就了，上至阿弥陀佛，下至树林、山河大地，都自自然然在念佛、念法、念僧，用不着再方便啦！

再讲“解脱”，先问一个问题，为什么要解脱？三有中是苦海，好受不好受？（同学们答：不好受）因此要求解脱，而佛法的究竟在于解脱，不但自己解脱，一切众生也要解脱。在何处、何时解脱？就在烦恼中当下解脱。在出世法上佛法讲“解脱”，在世间法福德方面则讲“成就”，能解脱一切苦厄，便是成就不思议功德。

“定慧方便及解脱”是在恒顺众生中修的，说是恒顺众生，将就众生，其实还是将就自己。《大丈夫论》云：“菩萨于乞求者生难遭想，所以者何？若无乞者，檀波罗蜜则不满足，无上菩提则不可得。”由此以观，说是你在帮助众生，其实是众生在帮助你啊！你布施财物给乞丐，可以去除贪心，你还要向乞丐顶礼膜拜感激不尽呢！所以我常说的“本欲度众生，反被众生度”，虽有前面所谈要转化别人反被别人转化的意思，也有现在这一层的意义。你看一句话，就如临济祖师讲禅宗“一语中具三玄门，一玄门中具三要义”。文字般若就有如此难。再来：

一尘中有尘数刹，一一刹有难思佛，

一一佛处众会中，我见恒演菩提行。

（同学们如法唱诵）

佛的国土在哪里呢？就在这个世界里。出世即是入世，佛菩萨成就后，都在三界中任运往来——“犹如莲华不着水，亦如日月不住空”。其实三界也不坏，欲界一转念，化欲为乐，色界一转念，化乐为明，无色界一转念，化明为无念，这都是一种难得的享受呢！但是如果执着了无念，守个空，就落在无色界中，没有解脱；执着了光明，以为光明就是道，则落在色界中，也没有解脱；欲界天之乐亦然。因此能在三界中自由往来，才是真正自在解脱，自在解脱就是佛道。再者，“一尘中有尘数刹”，尘代表很多的意思，比如我们生理上的细胞、物理上的原子核，或者物质世界一粒沙都是尘。一颗灰尘里包藏有无数的佛刹土，这即是“芥子纳须弥”的道理。拿医学来说，人的身上一颗卵子、一个精虫，其染色体结合后，在母体中可分化出婴儿各部分精粗的器官，诞生后更日月成长为人，再结婚生子，又生下一大堆孩子，这便是“芥子纳须弥”“一身中有无数身”，生生不已。

以此我们或可理解“一尘中有尘数刹，一一刹有难思佛”。佛就在这个尘世中，到处都有佛，佛并没有涅槃，上至天堂，下至地狱，佛无处不在。我们这个世界的佛是这般形相，在其他刹土中则不一定如此，也许变成魔的样子，不是我们凡夫所能测度、所能想象的。这也是一种菩萨因应众生的教育方法，因地区的不同、民族的不同、时代的不同，他的方法就有所差别。然而千万注意菩萨之种种不思议教化方便，是以大智、大慈、大悲、大愿为基础，没有这等修养，乱学菩萨们的做法，或以善巧方便为借口来整人，那罪过可就大啦！

“一一佛处众会中，我见恒演菩提行”，在这无量无边的诸佛中，每一佛前又有很多佛弟子，形成各种因缘关系的法会，重重无尽。每一法会中的大众，个个都在以各种法门学佛修道，孜孜于菩提道上精进勤修。我们不要看不起众生世界，他们都在行佛道啊！一切众生皆是佛，“心、佛、众生三无差别”，所有众生皆以他们独特的方法在唱演佛法，我们有法眼看得出来吗？六祖告诉我们：“佛法在世间，不离世间觉，离世觅菩提，犹如寻兔角。”懂吗？悟道要存世间，离开世间，悟个什么？

现在紧接着下一偈，大家以无比的信心、诚心全部投入诵念一道：

普尽十方诸刹海，一一毛端三世海，

佛海及与国土海，我遍修行经劫海。

（同学们如法唱诵）

前一句明显表示佛就在这无量无边、重重叠叠的现实世界里，每个地方都有佛，真理到处存在，这点前面许多偈句中已不时地再三强调，我们的心量应能随之大方开展才是。第二句谈的是空间与时间。过去、现在、未来的十方三千大千世界有无量无边的刹海，海代表大，比喻普贤愿行如同大海那么广无边际，并且不止一个“海”，这宇宙间有无数的佛世界，即是无尽的“佛海及与国土海”。这无数佛世界包含了无尽的时间、空间。以时间为例，时间是没有固定的，“一一毛端三世海”，一个极微之物如细沙、水滴等等便是一个不可思议的世界，一个小空间便含摄了绵延不断三世的时间，而一刹那的时间也含摄了无量无边的空间。地球的一天或一年，在有些星球只不过是它们的一弹指顷或一天而已；而我们的一天，对一些几分钟生命的众生，又觉得是好几千万年了。像猪、猫、狗、老鼠等等，都有它们的刹土，刹土中有它们的菩萨、导师以种种方便度化它们。它们的生命虽然大多比人类短暂，往往活个几年或十几年便很了不起，但依其生理构造、新陈代谢机能与意识状态，几年或十几年乃至朝生暮死，对它们来说，却也是一段漫长的光阴啊！

时间是相对的，空间亦复如是。一只蚂蚁爬行一百米，以它们的身躯与消耗的能量，相对而言，大概也等于一个人上百公里的行程了吧！这是一个观念上粗略的比喻而已，实际上修行能做到过去、现在、未来三心不可得的境界，才能如实了解时空的奥妙，而现代科学对于时空锲而不舍的探索，有许多实验与理论很值得我们学佛者拿来作为理观的参考。“佛海及与国土海”，国土是指物质的世间，中国、美国、日本等等，都属于国土海；地球、太阳、土星等等，全都在诸佛刹海里。“我遍修行经劫海”，这个“经”不是念经的经，是经过的经；是说我愿生生世世投生于一切众生中来度化他们，努力修习普贤行，在最困难、最恶浊的地方毫无保留地贡献自己，利益众生，如此经过无数劫，不管如何艰难，都不后悔，永不退转。

接下来八句一齐连着讲。这一段与现在修持的准提法颇有关联，你们修准提法目前还在“生起次第”中，基础没打稳，次数未满一百万遍。从“事相”言，修行持咒可真难啊！有人发心出了家，背会了楞严咒，以为这就真能转魔障？修楞严咒，起码天天持念，也要花上好几年的工夫，坛场如法布置，昼夜不断持诵，才能有所成就。修大悲咒的法门也是一样，不是说你会了这个咒子，随便念念效果就会很大。咒语的效果很大是不错的，但它融化到你身心上来了吗？不要认为皈了依，常常跑跑寺庙这样就行啦！然后学学念念咒子，恍恍惚惚，就想要有效果，不要糊涂了！所以大家要特别注意这一段。现在把它唱一遍，唱时还是那一句话，身心意识都要抛投进去，意思懂进去，终而忘我地念诵下去。

一切如来语清净，一言具众音声海，
随诸众生意乐音，一一流佛辩才海。
三世一切诸如来，于彼无尽语言海，
恒转理趣妙法轮，我深智力普能入。

（同学们如法唱诵）

这一段包括恒顺众生与跟随佛学。前面讲过，无众生则无佛，一切佛与所有众生，佛性平等不二。现在来看佛之所以为佛，“一切如来语清净”，语又与身意二者相关，故众生学佛，第一要清净身口意三业。像修准提法，口念咒、意观想、身跏趺坐、手结印，便是净三业的极好修法。而三业中造业最厉害虽属意业，但形之于外，最易在懵懂中动辄得咎的是语业。我们一天到晚不断地在造口业。“谁人背后无人说，哪个人前不说人”，口之为祸大矣！有些人怕受批评，其实啊！在背后何尝不说别人的是非呢？有人当着面在恭维你，转过身来背后可以骂你；高兴时赞美你，不对劲时更可随意损你。然而这一切都是空的，了无实际，偏偏不上此当者几稀。

要修到口业真的纯善——“一切如来语清净”，是不容易的。语清净在禅宗祖师有这样的说法：“悟道与否，听声即知。”你语业有无功德，听你出声便分晓。相学上，声音属内五行，是很重要的一环。有人相貌各部位都很好，但声音沙哑撕裂就破相了。不过有一种火行人，声音沙哑却是好的，因火烧起来，与沙沙声相应，应许富贵。水行人声音则以清亮为入格，至于木行人身材高长，若声音沙哑，等于木逢火烧，成了木炭，不能大用。这些并不是题外话，只是在简单说明一个人的身心状况，完完全全显露在他的五官身段及言谈举止上，根本瞒不过明眼人的。声音好即是一种功德的表现，也透露了口业的清净与否。口业有四种：恶口——恶言相向，讥骂别人；妄语——无中生有，扭曲真相；两舌——挑拨是非，使人烦恼；绮语——甜言蜜语，迷惑他人。这些都是要不得的恶业，一个修行人多生累劫语业修得清净，话说出来，自然具大威力，无形中、不知不觉中，众望所归。相反地，语业不清净，凡有言说，少有实义，语调韵味也缺乏魅力，他人如何信服？甚至更糟的是，别人根本听不懂你在说些什么，或者一见你开口就厌烦，如果这样，当事人自己便应该好好反省自己日常的言行。

比如唱念一项，喉咙音量美好的人，偈颂一唱，清越祥和，自然能使大众心平气和，法喜充满。喉咙不好的，连唱也唱不出来，这是语业功德微妙之处。像我常说自己五音不全，个子又小，当年在大广场上，上千百人集合，那时物质缺乏，没有扩音器，要演讲训话，能令每个人都听见不是容易的事。比如我现在在课堂中这样讲，可能有时后面听不清楚，这就要靠演说的技巧了，有些话讲起来等于在唱念一样，字音要缓，略加拖长，音声才能传得远、传得清。这都是学问，都需智慧，也是方便波罗蜜。讲演者一上台，一开口，看看听众的反应，自己马上就晓得应该怎么办。这就是智慧。智慧的发生就在当下的事物上，不需别人来耳提面命，但是经常看到你们，做错了事，提醒了你，还是转不过来，这不是太迷糊了吗？

有些歌星，很受欢迎，这也有他的因缘，至少这一生声音好，前生也是像你们这样唱念赞佛的功德或是其他善缘得来的。“一切如来语清净”，凡是佛的语音一定清净，经言佛之说法是迦陵频伽之音，庄严动人，大家听了都生喜欢，一闻便得甚深正法利。“一言具众音声海”，佛证得法、报、化三身圆满，一念具足无量三千大千世界的体相用，他常住在宇宙根本究竟处，一言一行皆能含摄全体法界，所以一言出自能与一切众生各种不同的言语相契，这是一音具足一切音，“佛以一音演说法，众生随类各得解”的道理之一。谈到音声，在佛法上一般人很容易想到咒语，咒语又叫真言，佛因其口业已彻底清净，了断所有言谈所可能犯的过错，不妄语、不两舌，也无恶口与绮语，凡有言谈，皆本实在，以实在故，能够自然在现象界中成为事实，所以佛言名为真言。道家得了道的神仙叫真人，也有这层次的意涵。佛法所有咒语的母音为“唵、阿、吽”三个音，像华严字母也是同一道理，它因转音的关系，一音可转出平、上、去、入四音，其实同一字音可转出的音实在不少。世界上众生的语言根本道理是相同的，国与国之间，区域与区域之间，乃至六道中人与畜生之间，表面上语言大有差别，无法直接沟通，事实呢？大家若从佛悟得一切宇宙生命的本源一事与所有声音的基本发生结构中去省思探讨，多少会得到些启示。孔门弟子公冶长就懂鸟语，大家千万不要草率地以乡野奇谈的眼光视之便了。

再言之，如一位不懂中国话的人，听我们讲话，是一个音声，我们不懂外语，听外国人讲话，也是一个音声。人类的语言音声大致就是那几个子音母音的组合转化，同一个音不同地区的民族人种有不同的含义。反过来，同样一句语意相同的话，每个人讲出的音声语调又都各自不同，不同民族的语言讲起来更有差别，这就是“一音具足一切义，一义含摄一切音”，由此大家或可略以体会“一言具众音声海”这句话了。像你们同样念准提咒，每个人的音声都不一，坐在这里一听便知道你们的身心状况。何以能够呢？只要进入言语三昧中自然了了分明，此便是真言，亦即是“一言具众音声海”的道理。所以你们好好念一个咒子，等于念三世十方诸佛，尤其是准提咒，一切尽在其中，一即一切，一切即一。

学佛的人，跟佛学一切愿行，当然也要学佛的清净语。咒语是一种清净语，包含无量意义，无法翻译完全。像以前丛林里初一、十五念普庵祖师所传的咒子，威力很大。普庵祖师是南宋时应化中土的菩萨，他悟了道后，说出普庵咒，这是要八地以上的菩萨才能做得到，等于他们成立了个专门与众生通讯的电台，自由收发讯息。观世音是众所皆知的菩萨摩诃萨，所以你念他的咒子、他的圣号，他那不可思议、无远弗届的通讯电台必然收到，自然而给予回馈，这种能力来自语业清净的功德。

“随诸众生意乐音”，众生的意乐不同，业力不同。像有些人喜欢声音带有磁性，每个歌星都有自己的听众，有些人喜欢别人的撒娇声，这都是众生意乐不同，意业不同，音声海也就不同。因此恒顺众生，不能说我不喜欢这声音，就要人别讲这样的声音，不喜欢也要听，而且更要学会别人喜欢的音声说法。“一一流佛辩才海”，辩才无碍谈何容易?！在佛教中的菩萨里有一位维摩诘居士在这方面最为突出，许多大菩萨、大阿罗汉都难望其项背而为之赞叹不已。辩才无碍不是嘴巴专会抬抬杠，而是智慧的成就。悟了道，成了佛，所说所言，怎么比喻，自然都如理如法，没人问得倒他，而他一问就问倒了你。这是多生累劫修口业、修智慧的善果。同样一个笑话讲出来，会说与不会说的，别人听后的反应大异其趣。大家专修准提法这几个礼拜来，诚敬念诵咒语，消极方面少造了不少口业，积极地却修了相当的语业清净功德，但是你们当中念得好，喉咙真正完全打开的，语音真正清净的，还没人做到。语音真清净喉咙自然开，此二事彼此互为因果，说二实一。

大家一进这个坛场，只要精神专一，虔诚恭敬，依我所示心气合一的方式念诵，语音便能转趋清净，给人庄严自在的感受。像昨晚有一堂修得很好，语音一得净化，感应马上就来，佛菩萨现身临坛，绝不虚妄。“一一流佛辩才海”，这还要专心念咒才行，不要东想西想，挂虑俗事。现在念诵不是参话头，只要专心一致便得。“心声”“心气”合一，真言咒子念到家，智慧开了，文才、口才都能大进，此即“三世一切诸如来，于彼无尽语言海，恒转理趣妙法轮，我深智力普能入”。为了恒顺众生，要通达一切语言，菩萨要学五明——因明、声明、内明、医方明、工巧明，乃至戏舞歌曼都要通。这在小乘戒、比丘戒虽是不准，违越遮戒，不但菩萨戒不犯，甚至严格而言不学还有过患。行者如何于此二事之间善自拣择，以前的讲演中已曾谈到，大家若有疑问，应该仔细参究，切莫草草了了。所以跟随佛学，要了解“三世一切诸如来，于彼无尽语言海”，一音可说三藏十二部的法门，一种法门可以用种种无尽的音声来传达，“恒转理趣妙法轮”，由此展现推动宇宙生命的真理，引导众生进入佛法的正知正见。

学佛的人，就要发这个愿，像普贤菩萨一样，对于前述佛之语言功德，“我深智力普能入”。大家自己发愿，在音声海中，不管念经专修也好，日常做事也好，随时培养自己般若智慧的成就，开发自性无可限量的潜力，深入佛法重重叠叠圆满无碍的华严境界。现在这些道理你们或许懂，但身心没有证到那个境界，所以讲出的理论没人信服，等你真悟了，智慧透发，再加上口业清净，你说出的话，人们就易信服。真会演讲的人，我几十年看下来很少，只见过一两位。演讲高明的人，别人听了他的话，不但思想观念受到影响，进而甚至愿以全部的身心性命追随他，像孙中山先生就是一例。西藏有位大喇嘛，我曾问他：“孙总理是什么人来的呢?”他说：“大自在天天人。”所以，他有那么大的辩才与智慧。我们一般世人，有些只能从商，有些只能任教，有些挑葱卖菜，有些从军打仗，林林总总，个性、气质、能力、志向皆有差别，这是各人业报功德不同之故。这一点你们应该了解，所以有些事我找他来做，有些事找你来做，因为我很清楚其中之缘如此。比如初学者需要辅导，给他找对人，缘配得好则圆满，否则搭错线反而增长此人学佛的障碍，“我深智力普能入”，这点非常重要。现在唱下面八句：

我能深入于未来，尽一切劫为一念，
三世所有一切劫，为一念际我皆入。
我于一念见三世，所有一切人师子，
亦常入佛境界中，如幻解脱及威力。
（同学们如法唱诵）

唱念是八万四千法门中一种很柔软、温和的修炼方法，这软修法门修得好，一字音中即能“一方具众音声海”。在烦恼痛苦的时候，放开一唱，所有烦恼都没有了，进入空幻三昧的境界里去。尤其在高山顶上，无所顾忌与挂虑，开怀唱之，天地人我皆空，才知道音声海确是既微密又美妙的解脱法门，《楞严经》观世音菩萨的观音法门正是现成宝贵的一例。现在科学对光的研究颇有进展，而音声方面则较落后，像银河系中的巨大声音，现在科学家所知极少，只晓得银河系统有很多声音，但搞不清楚它的位置、来源和性质。有时我们听到什么声音，一下又没有了，那有些是非人所发出的。其实声音愈大，我们愈听不见，人类这耳朵、耳根听的能力很有限，然而我们这个自性的观音之功能是无限的，你修持到了，自然晓得。所以念诵的修持，念啊念啊的，到了夜里睡着了，还听到念诵的声音，这不稀奇，也不要害怕，知道原理，何怕入魔，这是一种正常的现象。

《普贤行愿品》现在接着告诉你："我能深入于未来，尽一切劫为一念。"这就是音声海法门的延展，现代科学还不太容易解释。此处亦属常随佛学愿行之一。我发愿未来一切劫的事，一念之间都能知道。一切劫只是一念，依显教的说法，须修三大阿僧祇劫才能成佛，但如真懂了，悟了道，在《普贤行愿品》中这都给你点出来了，一切劫也不过在一念之间而已。一念顿悟，即超三大阿僧祇劫，这与修普贤行愿关系莫大。唐代李长者（李通玄）云："十世古今始终不离于当念，无边刹境自他不隔于毫端。"这是时间与空间融化在定慧的境界中、音声海的境界中，只此心之一念就可以转化时空，诸佛菩萨有这样大的神通功德并不稀奇，因一切众生自性本具此项功能。

这一段讲佛境界，也就是修行人的目标，这么一念与大行普贤菩萨同等之心，便能"三世所有一切劫，为一念际我皆入"，一念之间超越了这个地球成、住、坏、空的历史，一弹指顷，便自我了知前生是谁，来生何往。在这一片准提咒的无边扩展中，时间空间戛然消融，轻而易举，不费吹灰之力，自然就到了。这是由音声转念的修法，音声即是念，念动声动。"我于一念见三世，所有一切人师子"，要见佛其实很容易，佛就在你的心中，你一念佛，当下即见佛，所以念佛、念咒，一念至诚，十方三世诸佛全体皆现。"所有一切人师子"，师子指老师、善知识，是暗路的明灯、智慧的指导者，这些只要你真诚意念他们，没有不满你愿的。

“亦常入佛境界中，如幻解脱及威力”，其实有时候你修得好，就已是佛的境界，只是自己不知道，信心不够罢了。提得起、放得下，就是佛境界。大家在日常生活起居中，有很多事，举手投足、吃饭饮水，都那么随心应手自然成办，这不是佛境界吗？只是另外却有些事情太过在意，计较得失，因而提不起、放不下，又困扰自己而已。今天修准提法，要念它七日七夜不下座，行不行呢？不是不行，问题在于你是否真的有这个心？真这么想、这么要，一下便能进入这音声海三昧中，定了。说要放下，万缘便放下，身心皆空，一切如幻。“有”如幻，“空”也如幻，动、静、空、有皆同幻，不要错以为一切有与动是幻，空与静才是真实，那又糟了，甚至如果说“中道”有的话，中道也是幻啊！“如幻解脱及威力”，这世间一切如梦如幻，了了常知，即真得解脱，在真空的境界中，能起无限威力，能作无量事业。所以你只要能在妄念较少之时念一个咒语，“唵”一开始，那力量就不小了。“唵、阿、吽”是普贤如来的根本咒，含括一切咒。普贤如来有如幻三昧的修法，如幻解脱，知一切如梦如幻，如露如电，无任何挂碍，空灵自在，具大威力。六道中每一道的各式色相和诸法的生生灭灭，都是幻现，都是“真空”中无尽生生不息的变现，庄严美妙，全在你那儿，随你怎么去加减乘除罢了。

现在准提法会已快近尾声，“出家如初，成佛有余”，希望诸位还是保持刚开始的至诚专一，分秒不可丝毫懈怠，念诵方法方面，这里再次强调要点有三——心气合一、声气合一、身心合一。这三项如果做到，音声自然不同，尤其身体内部的气脉、海底轮、脐轮、喉轮、心轮、顶轮等等都会震开。

“唵、阿、吽”三部音，自已要用心体会。还有准提咒“怛侄他”三字要念“dá、zha、tuo”，念音与华严字母及身心的气脉都有关系，能如此念一口气顺着下来，有助气机畅顺，贯通中脉。如果念“dá、z、tuo”，气就外散乃至断了，不易震开气脉。依我多次提示的念诵行之，上下七轮的气脉都能振动到，抑扬顿挫有致，高低平仄分明，节拍则宜平顺，而重点在于声音随着气机自然在体内任运转动，该高则高，该低则低，三部音轮回周流，声音保持一样，但是音调可以不同，随气自然而转。唵字音转到头部发出来，阿字音在喉部，气下降到脐轮则是吽字音。吽字音震动脐轮，此音属低，然后气再接着自然上冲至顶轮。顶轮有时会发胀。此时要把觉受空掉，定在光明中念，这些都要靠智慧，知时知量，善加调整。

华严字母大家应用心研究，其中转音的道理，与气脉的修持大有关系。梵唱这一法门确实是为住山真修行用的，不是稀稀松松供人娱乐的音乐。以前丛林住众多，为求方便，古德乃将佛法的音韵统一整编，配上法器，借供大众一起熏修，后来逐渐演变成音乐性质，忽略了它实际的修行功用。华严字母一字转了四个音，以“有”字为例，拉长音时还是“有”字音，“有”字转音可以，但不可加上花腔，变成别的字音，因为转成别字音好唱也好听，但已形同一般音乐，在生理上不合气脉原理，而心理上也失去梵唱那种恭敬赞叹的情操，心一散乱，所有唱念修行的利益都要大打折扣，这一点极为重要。华严字母每个字都有平、上、去、入四阶，而平、上、去、入中又有各之四音，练习纯熟的人，自己可随心所欲而唱，循此悟道，乃至方便度人，妙不可言。

《指月录》载有一位禅师，他一生大彻大悟后，不说法，不讲禅，只念一句“南无观世音菩萨”，一天到晚就那么一句，最后达到究竟成就。这正是前述《普贤行愿品》所说“一切如来语清净，一言具众音声海，随诸众生意乐音，一一流佛辩才海”的佳例。这音声海的修持，只要气调得好，自己如此一念，立即忘我，入了音声海中。关键除了我所说的气脉问题外，还在诚敬上，不在调子如何。譬如唱忏悔文，心中至诚，全意贯注，字音一发，身心性命全在忏悔中，此时忏悔词句已不相干，忏悔的气氛充满，一念顷，诸业销殒，别无杂想，身心清净透明，如雨后晴空，哎呀！就这样做到“心一境性”了嘛！譬如有位同学喉咙病了很久，自己还是个医生，吃了很多药都没效，听我讲这软修法门，他回家自己一试，如法而修，喉咙的病便好了。唱诵的道理甚深微妙，自己要深思体会。比如唱炉香赞，由炉字起音，在平、上、去、入四声拉长自然地转，气长的人可拉得很长，练得好，气愈练会愈长，气一长，便能得健康长寿。由于你们的观念习气，受一般唱念方法的影响，偏重语调的讲究，忽略声气调配之理，未做到心气、声气、身心三合的境界，因此法益未能十足发挥。

有人问：为何平常少梦，修了准提法反而多梦？这是好现象，道理如一杯浊水，稍以静置，经过沉淀作用后，便可看到污浊的脏物。心静才能发觉到自己的妄想多，若不修持则连胡乱做梦自己都不知道，甚至白日梦此起彼落，一样也检查不出来。并且，梦境分很多种，修准提法做的梦有时不是妄想，而是某种感应，此详情大家可参看《显密圆通成佛心要》密教部分。另还有人问：《显密圆通成佛心要》提到准提本咒八个梵字安布在身体几个部位上，为何面部只有两眼布字？而双手又为何无字？这梵字布置的道理与身体气脉的关键相应，以气脉节骨眼的重要性为布字原则，其中六根最重要的是心眼，六根之发通，以眼通最难，眼通一发，余根便能随之发起，因此双眼布字是必然之举。又问：准提佛母十八只手所拿各种法器含义如何？这道理意义很深，大家可先将每种法器有何象征的资料查清楚后，再慢慢为你们解释，不过十八只手法器的拿法并非固定模式，有时可以变动的。

讲到这些，表面上与行愿品无啥牵连，其实很有关系。尤其我一再强调的念诵法更与《普贤行愿品》息息相关。我再婆婆妈妈地讲一次，早上容易昏沉的时候，法器的敲打应快些、密集些，念声也要大些，如此精神振作，妄想减少。念时要回转来听自己的音声，不是听别人的，一觉昏沉赶紧张眼，密集大声地念，念到相当快时，便自然由开口念诵转为金刚念诵，心气慢慢就自然合一了。金刚念诵是唇齿之动轻微，而以舌根弹动，当很平静时，慢慢地念，但不能太慢，太慢就成唱诵了。又开口念诵眼宜睁开，与外界自然之光融成一片光明，化为无相光，身心俱忘。现在佛前供了七盏照世明灯，光辉柔和安详，张开眼念是很好的。

另外关于“唱诵”，每句最后一个字音之拉长，在这字音的平、上、去、入音节之内，以舌头去弹动，入声的气是往内部下沉，吸气进来，不往外散。念得如法，喉咙自开，而且因耳通气海，耳根自然向内反闻自性，不往外驰求，心气合一，夫复何难?！得止得定，早晚成办。唱诵修好了，气息深长微细，睡时无呼吸声，此即龟息，若一躺床上入睡，人便呼呼大响，那是身心不调，业气粗重之人。以道家精气神而言，观想是炼神，念诵是修气，端容正坐为炼精，精、气、神层层升华调和，身心气质自然转化，所以三业专精的话，成就便快。你们下座后，要把这些念诵原理细细品味，融会贯通，好处不可言喻。上戒下德老和尚的唱诵很标准，你们可以向他学，重要在于“调子”是固定的，要学正确；而“腔”因各国各地乃至各人环境、背景都不同，可以因人而异。朱博士有一卷印度人以现代音乐配唱的六字大明咒，非常动人，一听，身心皆忘，俗虑烦恼消失无踪，所以唱诵之功德不可轻忽。有时你们独自修持，在夜深人静时刻，心中有很大的烦恼感慨，不妨在佛前一站，一首诗、一个偈子，唱完了它，烦恼没了，万缘也就放下了。一切戏舞咏曼、诗词歌赋都是给人调节身心用的，古代祖师及一些行者，诗词都作得很好，一面借供调心，一面方便说法，虽是戏论，也是功德。现在接唱下八句：

于一毛端极微中，出现三世庄严刹，
十方尘刹诸毛端，我皆深入而严净。
所有未来照世灯，成道转法悟群有，
究竟佛事示涅槃，我皆往诣而亲近。

（同学们如法唱诵）

“于一毛端极微中，出现三世庄严刹”，处处皆是佛法，古德云：“青青翠竹悉是法身，郁郁黄花无非般若。”一毛端极微中含藏三世如来的庄严宝刹，大家相信吗？只要心念一动，任何景象皆可显现，一个念头可观想成一座高山，此即芥子纳须弥。这里所言一毛端是最小的吗？——还不是。这一念最小，随时在第六意识中，这么一提，庄严佛刹即时观成，能如此学佛才算上路。像西方极乐世界、东方药师佛国等等，一念之间就要观起来，尤其标榜学密者，更应做到。观不观得起，牵涉到慧力与业力的问题，切莫观不起来，就说本来一切空。这不是空，是懒，是无能。须观得起来，而后再空掉它，这就对了。

学佛的人，不但要能观得“于一毛端极微中，出现三世庄严刹”，还要做到“十方尘刹诸毛端，我皆深入而严净”。等于说修持真得利，不但白天明明了了，晚上梦中也能够做主，梦中知道做梦，可以不梦，而梦中照梦，重重无尽法界，一层一层在一念之间都普现出来。并且六根可以并用，不相妨碍，一念可起多种相反的功用而彼此圆融无阻。“于一毛端极微中，出现三世庄严刹，十方尘刹诸毛端”都能“我皆深入而严净”，这道理在“心包太虚”“一切唯心”“即用即体”“大而无外，小而无内”上。严净是庄严清净诸佛国土，不但理上懂得，要事上修到才行。

“所有未来照世灯，成道转法悟群有”，照世灯是指诸佛菩萨及诸善知识如照世之明灯、暗路的火光。所有未来的劫数随时随地都有诸佛菩萨化身为善知识，一生学佛修道，悟道成道，或现出家相，或现居士身，种种善巧方便济度众生、教化众生。“究竟佛事示涅槃，我皆往诣而亲近”，学佛要时时亲近佛菩萨，接受教化，而佛菩萨一生弘法功德圆满，要入涅槃，我也前往亲近，请他继续住世或乘愿再来。现在佛已涅槃，亲近一事则可在意境上随时观想自己在顶礼供养。比如平常佛桌前上香及晚上施食念七佛圣号，口念同时意境上就要观想七佛在前，乃至七佛各各的佛土宝刹都在前面，否则施食——要宴请各路的好兄弟，光七粒米、几滴水，不依仗佛力加持，谁有此本事呢？学佛需要如此地修普贤行，才能发起下文即将讲到的“神通力、大乘力、功德力、大慈力”等等功用，摧灭一切烦恼，降伏一切魔障。

前面我一再提到如法念诵的重要，同时也已指出《普贤行愿品》的修持，每一偈诵都要自然作意起观，偈中所述的境界，观不清楚也要心意到了才行。其实意念的观想更重于口业的念诵，这点请莫忽略。我们讲《普贤行愿品》由礼敬诸佛开始，一直到常随佛学、恒顺众生，意识随时应安住在这行愿海中。所谓普贤，我说过就是“普现”，一切呈现眼前，要普现出来，不现出来，只在嘴里念念，功效较小。大家都晓得“心能转物，即同如来”，“转”要如何转起？——从意根上开始。你们读《成唯识论》《八识规矩颂》，不要以为意根的分别是那么的坏，有如蛇蝎。成佛之道还得靠这意根呢！意识转了，前五识就跟着转，第七末那识和阿赖耶识也都跟着转，意识就有这么重要。玄奘大师综合唯识之理所作的《八识规矩颂》中说“六转呼为染净依”，指第六意识转到染法，即是凡夫，转为净法则成圣贤。而所谓清净并不是要你不起分别，而是做到《维摩诘经》所言：“善能分别诸法相，于第一义而不动。”这个第六意识转成妙观察智，那便超凡入圣了。至于如何转法，六祖说得好：“转其名而不转其实。”就是这个东西，心佛众生了无差别，同等具足一切万法德性，一念觉照，即得清净明了，你拼命要把第六意识丢掉，要丢到哪里去呢？《法华经》亦云："是法住法位，世间相常住。"懂吗？

佛法根本是智慧之学，懂得这个，第六意识便是绝妙珍宝，意识不转，光在那儿打妄想，执着那些世间的是是非非，贪瞋痴慢疑全犯，那就完了。然而你真要贪瞋痴慢疑也没有错呀！你贪钱能一天二十四小时念兹在兹，而得止得定，那就好了，能吗？有位同学问我：怎么密宗有个佛慢呢？我说：要成佛的人还不慢吗？最慢了。我要成佛，"天上天下，唯我独尊"，慢极了。学佛者要度一切众生，明知众生度不完，却要"虚空有尽，我愿无穷"，这是佛痴。烦恼重重，如天罗地网，奋力要拔开慧剑斩断葛藤，这是佛瞋。成了佛之后，还在修功德，"智不住三有，悲不入涅槃"，这是佛贪。密宗在某个阶梯上常需佛慢，譬如你们修了准提法，要去给人治病、消灾，自己没信心是做不好的。一有信心，佛母就在我这里，准提佛母、毗卢遮那佛与上师和我四身合一，我即佛，佛即我，如此信心，对了，病就治好了，这还是从佛慢来的。佛慢能生自信心，故《华严经》说："信为道源功德母。"这心念一转就进去了。外道画符念咒，也都要自己有信心，才能成就。

现在美国、苏联、中国大陆、欧洲等地研究神通的越来越热闹，他们挖掘了很多具有特殊能力者，中国大陆这方面的研究更是积极。比如实验搬运法，有位物理学家硬不相信，在自己衬衫上拿下一颗纽扣，用帽子盖在桌上，一下翻开竟然不见了，这是被受测试者念咒子把纽扣移到隔壁房间去了。这种在道家还只是属于小搬运法而已。你们准提法修好，神通又算什么！三十年前美国宾夕法尼亚州大学有位教授神父，派代表来与我接洽，想成立有关神通的研究学院，请我去主持。他如果讲的是正道，以科学、医学的角度来研究人体身心的奥秘，对人类文化前途能有贡献，我还愿意试试，如果只是为了追求稀奇古怪，惊世骇俗，那对不起免谈。此事后来我以其他因缘而拒绝了。神通容易呀！找几位真正的童男童女，或根器好的，训练几个月，乃至几个礼拜或一周之内就会神通了，有何稀奇！可是天下大事不是这一套就能够解决的啊！人事的问题还是要靠人事之力。若要比神通，佛的神通最大。有些事依其因缘，佛可以神通救世，有些事另有因缘，则需乘愿轮转六道，才能有所解决。佛菩萨的神通，是不可思议，他的入胎轮回转世，不畏苦难，济度众生，更是伟大的神通，更不可思议。况且一个世界的劫运、国家之共业是要靠大家一起在行为与意识上去修正，才能转化，非神通所能奈何。还有个人的业力。学佛者也要懂得自己承担，从自己身、心、行为修起，努力去净化，并非做错事、犯了罪，便要求佛菩萨特赦，大家都这样，因果何在？因果之力极大，自作自受，解铃还须系铃人，菩萨大慈大悲，具大神通威力，但也要你正心、诚意、修身，恶业自然能不转而转。再来接着唱诵：

速疾周遍神通力，普门遍入大乘力，
智行普修功德力，威神普覆大慈力，
遍净庄严胜福力，无着无依智慧力，
定慧方便威神力，普能积集菩提力。

（同学们如法唱诵）

说到神通，世间学佛学道的人大概希求的都是这个，真正晓得从道之根本起修的就很少。神通没有什么不对，但它只是道的枝节末叶而已。永嘉禅师在他的旷古名作《证道歌》中说得干脆，“但得本，莫愁末”，又说，“直截根源佛所印，摘叶寻枝我不能”。我们皈依佛门，甚至圆顶出家，为的是求证究竟菩提，其他一切方法功夫乃至种种殊胜境界，严格而言，都是修行过程中的海市蜃楼，大修行人绝不贪着，也不可能为它迷惑，只有菩提心不够真切，般若智慧不够透彻的小根小器，才会对自己身心变化必然的现象大惊小怪，被意识层层变现的境相唬得一愣一愣，终而跳不出《楞严经》五十种阴魔的陷阱。

神通并不稀罕，它其实一点也未超乎自然法则之理。只是平常人的见闻觉知拘限于某一层次固定的模式，不知其生发的原理而已。宇宙万象诸法的演化，春来冬往，风雨雷电，皆是奇妙神通，而人习以为常，反不为奇。而人类自己的生理、心理机能，那更是一项妙不可言的神通构造，研究医学与心理学的人，应最能感受到这部包含意识、神经、循环、呼吸、内分泌等多重有机系统的精密机器，是如何的不可思议。要谈神通，这些事项倒是不可轻忽，光是执认打坐中所呈现的光影现象为神通妙道，未免令人有舍本逐末、因小失大之憾。

比如我们吃饭，肉菜羹汤倾咽下肚，到了胃部、大肠、小肠，经过一番消化与养分的吸收，剩下的残渣稀里哗啦经由肛门排出体外，成了粪便，人见人厌，却又能滋长大地的花草谷物，以应人类和飞禽走兽之需，这不是神通是什么？古德云“搬柴运水皆是神通”，究竟有几人如实体会？难道见光见影、放光动地，其神奇性就超越得了这大自然动植庶品的生态循环作用吗？要么，那也得发明心地，证到宇宙生命的根元而起大机大用才行。

真正的神通是智慧，智慧是神通的元力，大家既然向往神通，又何不从此下手，全心全意锲而不舍地修学这无与伦比的最大智慧神通之力，由此自然能进入“速疾周遍神通力，普门遍入大乘力，智行普修功德力，……无着无依智慧力”等不思议境。

“速疾周遍神通力”，目前科技机器，以最新一代的超级电脑来说，它的反应再快，比得上我们心念的转移吗？像现在美国太空船飞航的速度可达二十五倍音速，已经是快得不得了，然而我们的念头一动，早已到了月球，那有多快！连大约每秒三十万公里的光速，都比不上。我几十年前在《禅海蠡测》一书中便提到光速不快，念速最快。为什么呢？光速还有行进的过程，念速则无。像现在我讲一声“高雄”，你一想，同时就到了，当下成办，不假方便。这之间毫无空隙，想到哪儿便到哪儿，随想随到。佛经常以“刹那”“一念顷”或“壮士伸臂”形容时间的迅速，还是因应娑婆众生的思想观念，不得已所作的比喻。其实心念之动，超越时间空间，没有过程，动而不动，大家不妨在自己的举心动念间仔细参究参究。这便是真神通，这便是“速疾周遍神通力”，人人本具，谁家没有？只待智慧善加开发，则这些念头的起伏，终不止于平常人意识中的一种空想而已。

现代有些喜玩神通看因果的，或蒙起双目，或睁着两个发红的眼珠，看了半天，什么神啊鬼啊一大堆，纵有小验，终非究竟。要玩神通就玩大的，向本师释迦牟尼佛看齐，学学他老人家在三藏十二部经典中的榜样。你们能吗？快快发起普贤菩萨的大愿大行吧！这就是最大最不思议的“神通藏”，诸位盍兴乎来?!

真正的大神通，“速疾周遍”无所不在。神通的“神”即精神的“神”，你能将精神长养保任得充充实实、明明历历吗？人身体有病，一点力气都没有，精神就坏了，这个神一不振作，便转到险境界里去——昏沉啦！看到什么东西都没兴趣，双眼混沌，垂头丧气，意识不清，像要死了一样，灰蒙蒙的，这也是一种神——阴神。阳神则像日出一般，金辉透发，光明遍照，万里无云，处处精彩，神通自在其中矣！一个开悟得道的修行人，心光炯耀，昼夜长明，不但不思睡，其他财、色、名、食也都断除了。比如名利一项，皇帝的九五宝座，在得道者眼中根本一文不值，你将整个地球的财富送给他，他也不屑一顾，这是一种阳神的自在境界，不会被外在的名闻利养羁绊，更高明的话，甚至也不为各种禅定妙境所迷惑。

神通一切众生都有，佛菩萨做得到的，你我也必然做得到，问题在于我们未把神通的功能变成“力”的作用，这种力的作用能够发挥，便是前面所提到十波罗蜜中的第九“力波罗蜜”得到相当的成就。我们平常人一辈子活得庸庸碌碌，与世浮沉，事功德业两空，乃由于未能奋发己志，起不了大愿大行之力，说得通俗点，就是没有气概，做人做事缺乏魄力。比如这个四大假合的色壳子，病痛难免，有时你倒霉遇上了，说：“格老子，有什么了不起，我就不理你。”刚开始还蛮有点气派的样子，但过不了多久，哎哟！哎哟！我的妈，受不了了，最后还是它厉害。你的力量扛不住它，对不对？但是有些

“粗人”却扛得起，像一些学武的汉子，血气方刚，在大众面前为争一口气之勇，任刀子砍在他身上，他哼都不哼一声，连眉头也不皱一下，这份“力”的表现，虽然用处值得商榷，却也颇有可观。我们这些时常标榜“我不入地狱，谁入地狱”的大乘种性，未必就有这等能耐啊！你说：“我要观想就观想，要得定就得定。”真有这份力量吗？

“速疾周遍神通力，普门遍入大乘力”，大乘菩萨道，法门无量誓愿学，以救度一切众生而实无众生得度者之心，修学一切法门，不管正道也好，魔道也好，都深入参研探究；不管恩亲好友也好，冤家债主也好，都全心全力帮助。“普门遍入大乘力”这个“遍”字至关紧要，遍则无一漏失之处，功德圆满之意。我经常感叹，现代天主教、基督教在最苦恼的地方较常看得到他们的神职人员在奉献出心力，佛教并不是没有，只是差得多，根本谈不上“普门遍入大乘力”，只想自己盘腿修行成道者多，愿为救度众生入苦海者少；结果尽管修了一辈子，功德难以圆满。目前佛教不振，归结就在于我们佛教徒未能“普门遍入”，功德不圆满之故。

尤其有一个怪现象，许多人不学佛还好，一学佛包你变得神经兮兮，怪模怪样，原本做得好好的生意都会垮掉，搞得鸡飞狗跳。为什么呢？因为不解佛法真谛，只执迷于盘腿打坐为是，一会儿要空啊，一会要放下啊，根本没有时间精神照顾事业。真正学佛，只要见地和方法正确，益处绝对多多，若是学佛反招不顺，除了因果报应或着魔的理由外，也要检查自己的观念行为是否偏差。佛法是活活泼泼积极入世的，要“普门遍入”，要修大乘之力。大乘之力来自大愿大行，《普贤行愿品》讲的正是这个。释迦牟尼佛在《法华经》中以牛车喻大乘，鹿车、羊车次之，喻中、小乘，这些教诲难道还不够明白吗？禅宗祖师们时常警策我们放下、放下，放下个什么？——“我执”而已。你若看不清问题的症结所在，以此当作逃避现实的借口，什么事都不管了，那也只好任你去自欺自误，怨不得谁！

所以学佛首要不可无智，须多生累劫深入各行各业遍学一切智慧，做到“智行普修功德力”，由智起行，大慈大悲利益法界有情，圆满菩提功德。修功德千万要靠智慧观照，不要滥用慈悲，因为有时爱之适足以害之，同时也应以《金刚经》的“不住相布施”为善行的归趋，并且更要注意，别又以怕犯了滥用慈悲之误为借口，来粉饰自己的自私自利。真正的智慧假若缺乏八万四千细行所挖掘出来的妙功德水来长养，是生发不起来的。你们天天在这里持咒观想，念念期证菩提，何不问问自己，活了二三十岁、四五十岁，到底做了几件好事？

“智行普修功德力，威神普覆大慈力”，修行如法，功德广聚，自然能生不思议威神势力。而慈悲则如父母之爱子女，子女错了，父亲大声斥骂，骂得一针见血，骂得恰到好处，一下纠正了子女的错误。这出于关爱之心的一骂，庄敬严正，威势凛凛，即是一种“威神普覆大慈力”。另外，也有父母看见自己的孩子遭遇危难，心头一急，不管三七二十一，奋不顾身冲往救助，突破常人体能的极限，这亦是大慈力的一种威神表现。慈悲等于太阳的光明和热能一样，它是修行人滋长慧根、法身的活命之源，心行身行与慈悲相应，方能如实感觉到自己身心中的菩提嫩芽，一日日地成长茁壮。

经由普贤愿行的修习所产生的种种殊胜力量，接下来是“遍净庄严胜福力，无着无依智慧力”，大家用功精进修了这么久，心境清净了吗？烦恼化掉了吗？我执、法执都在智慧的觉照下，消失得无影无踪吗？“心净则国土净”，烦恼转化了，自然通身舒畅，心光焕发。至少道果未成，修了这么些日子，也要达到像色界“遍净天”第六意识的清净境界才行。意识能够清净，行止自然庄严，清净庄严，身心和谐，这非以少善根福德因缘可得，须是“胜福”之力方堪成就。

现在这一段经文所强调的主要在一个“力”字。比如打拳，架势招式练得再怎么出神入化，若是花拳绣腿，真遇到对手打起来，那准不堪一击，当众要出丑的。学佛修道也是一样，既然持戒，就要发挥动心忍性、百折不隳的力量；修定不修则已，一修定要做到八风吹不动、排山倒海也不能移的境界；至于般若智慧，不论人在何时何地，不论身处何种状况，顺境也好，逆境也好，当下一个觉照，明明了了，不为事惑，不为物迷，自自然然把握得住自己，这便是慧力有效的表现。只要戒定慧这三无漏学之力培养足够，即是悟道成佛之时。

“无着无依智慧力”，有智慧的人是不会死心眼执着任何事物的，凡事提得起、放得下，自由自在，无所障碍。并且光是“无着”还不行，更要一切“无依”，不依赖人家，也不需借助任何方便，完完全全地独立自主、圆满无缺。佛说“天上天下，唯我独尊”，其理在此。我们学佛是要做众生的依怙，并非反过来去依赖众生或者佛菩萨。我常告诉学佛的青年朋友“人贵自立”，可惜大多数都觉得这句话稀松平常，轻易放过。要知道啊，“人贵自立”，真正自立，就成佛了。

再说“定慧方便威神力，普能积集菩提力”，你学佛费了这么多时间工夫，为什么一直不能得定？为什么智慧透发不出？——不懂方便之故。我常说你们常识不够，学识不足，文字修养也不行，身心状况又不太健康，并非在取笑你们，而是因为你们身心受到这些限制难以得定发慧，真为你们着急啊！毕竟智慧与定力的获得，那非得要在千差万别、林林总总的事相上去体会、磨炼才行，这宇宙间的万象万物都有待你去溯本追源，摸索个淋漓透彻，如此考验出来的定慧方才称得上“威神力”。当然小乘法门自了汉式的戒定慧三学，能修得好也颇为难得，但是大乘菩萨道在这方面要能成就，则绝非只是退隐山林、闭门造车所能了得。所以下句接着说“普能积集菩提力”，大家想想看，要明心见性、开悟成佛，有那么容易吗？为求菩提道果所应累积的福智诸行，少一点都不成啊！大家天天诵唱“法门无量誓愿学”，到底学了几样？又说“未生善法今令生，未尽恶业今使尽”，到底生了多少、尽了多少？我们想要大彻大悟，非得世世代代积功累德不行，说难并不难，说易也不易，这一切主要在于自己有没有这份积集智慧功德之心，一分耕耘一分收获，取巧不得。现在接唱下四句：

清净一切善业力，摧灭一切烦恼力，
降伏一切诸魔力，圆满普贤诸行力。
（同学们如法唱诵）

这四句和前面八句还是一路连贯下来，前后呼应，意思非常清楚，理上在你们都不是问题，只差事相的功行到或不到。

心中这乌烟瘴气的烦恼为何不能断呢？贪瞋痴慢疑悔诸等业习，又为何在自己身上此起彼落、生生不息呢？很简单——因为你的福德善行不足啊！像出家修行，若只是消极不敢为恶，未能积极奉行诸善，成就相当有限，直须抛开一己之私，普门遍入，广积“善业之力”，才能“清净一切”，使自己三业纯粹清澈，使法界万象空灵明净，终而圆成无上菩提。像以前乡下有些家宅受到邪魔或是狐狸精的侵扰，只要有正人君子一到，或说某某先生来了，这些捣蛋的鬼东西，少有不三十六计走为上策的。为什么？一股光明正大、清净庄严之气，如光芒万丈的太阳照临，阴冷的幽暗岂有不销声匿迹之理。

那么，善业之力既然能清净一切的一切，自然也通于下列诸力：“摧灭一世烦恼力，降伏一切诸魔力，圆满普贤诸行力。”修习普贤行愿，这些大雄勇猛之力非得发挥出来不可，所谓“学佛乃大丈夫事，非帝王将相所能为”，帝王将相纵能创造一代丰功伟业，终不如修道人去一己之私，肝脑涂地为娑婆众生谋解脱之计。真修行人面对世人的苦难，生起大慈大悲之心，涌起“众生无边誓愿度”的大乘菩提之力，即此一力，便能“一超直入如来地”，这份盖天盖地的菩萨心肠，你我都有一片嘛！

要恳切发愿，要真心投入，持咒观想或唱诵时，这些句子的含义，身心意识都须全融进去，一句句，一字字，仔仔细细，随着音声清清楚楚透入己心。比如到了“定慧方便威神力”之“定”字，意识自然顺此定去，或唱到“慧”字，心便明明了了体会这个“慧”境，以我前面多次讲解“心气合一”的念诵法，气随意转，一心一意随这片诚笃恭敬之心唱去，听去，浑然忘我，烦恼业障抛到九霄云外，身体没有了，妄念没有了，就在一片声光中，“了即业障本来空”，根本没有人障碍你啊！你是自己的主人，你已完全与宇宙虚空合而为一，“我即虚空，虚空即我”，潇洒自在，翩然安住于生命本然究竟处，还有什么解脱不解脱的呢?!

这样修法才有“力”，才能“得力”，那么刚刚解说的这些“神通力”“大乘力”“功德力”“大慈力”“胜福力”“智慧力”“威神力”“菩提力”“善业力”“烦恼力”“诸魔力”“诸行力”等等，自然源远流长、生生不已。比如当我们唱到“往昔所造诸恶业”这一偈，马上感觉到这一生乃至过去生一切的是是非非、恩恩怨怨，都不重要了，也没有什么好埋怨的了，把缺憾还诸天地，只有一念宁静的感动之心，这一下身心内外抖落多生累劫的尘屑，通体明彻，如净琉璃，这就对了，这就不枉你我在此相聚一堂的苦心了。

像我以前在大陆庐山看到的一位活罗汉，大字不认识一个，冬天下雪积冰有一二尺厚，他老兄也不管天寒地冻，总是打着一双光脚，脚皮红红的，在雪地中一站，不稍一会儿，该处的冰雪马上融化，凹出一个坑洞来。这位活罗汉平常住在一间庙里，上殿时和大家一起上殿，课诵的文句背不来，他就合掌唱着“南无阿弥陀佛”，听来好像跟到大家所唱的经偈一样，根本不会令人觉得他妨碍了谁，而他也不觉得别人妨碍了他念佛。你说这到底如何做到的呢？——这是因他已一开口唱念，整个身心便进入“忘我”“无我”的境界，与虚空合一，与众生一体。诸位记取我多次强调的这种唱诵之法，以虔虔诚诚之心、清清明明之心、大慈大悲之心、统一和谐之心、了却一切是非恩怨之心、浑然忘我之心、无着无依之心，死心塌地去，自自然然去，潇潇洒洒去，一丝不挂，如此又何愁不能与古德前贤同游“涅槃路”呢？请再唱诵下几句吧！

普能严净诸刹海，解脱一切众生海，
善能分别诸法海，能甚深入智慧海。
普能清净诸行海，圆满一切诸愿海，
亲近供养诸佛海，修行无倦经劫海。
（同学们如法唱诵）

这一段经文以“海”来象征普贤行愿的深广浩大，难以限量。一提到海，大家应能当下生起那种宽阔无际、深不可测的庞伟意象。大海能容万物，大海不宿死尸。活的东西它留，死的不管什么，它一律给你浮上来，所以大海虽然总汇百川，无所不包，却是相当干净的。学佛之人万万不可缺乏这种大海般的胸襟气度，经云：“因地不真，果招纡曲。”诸位学佛，若是初发心之根本不够真切透彻，不是为了利益一切众生而求菩提，那么要成就前面所讲的“神通力”“大乘力”“大慈力”“胜福力”“智慧力”“威神力”“善业力”等等不思议功德，你说可能吗？

所以跟随佛学要发大愿，起大勇猛精进心，如大海豁然磅礴，洋洋大观，“普能严净诸刹海”，以无比的魄力将自己的身心，里里外外，洗涤得一干二净，身口意三业纯净无染，晴空万里；甚至由一己身心之净，扩展遍及三千大千世界、无量微尘世界，亦皆清澄通澈，万德庄严。或许有人会说：题目这么大，现在我做不来。也好，那你就先从自己日常生活的琐事中下手，比如睡觉的床铺，将它整理得清清洁洁、井然有序，应该没问题吧！许多生活上被轻忽的不良习惯，稍用点心也可以很快纠正过来，从此起修，慢慢扩而充之，由浅至深，由粗到细，锲而不舍，如此，再沉重的业识与习气，并非不可转变。

这是属于事上渐修方面，在理上尚须当下配合慧观，不管任何处所，干净也好，肮脏也好；不管任何境遇，清闲也好，混乱也好，一切本来清净，顺境不足喜，逆境又何悲，更以和光同尘故，喜而不喜，悲而不悲，随顺世情，不动本际，这便是大乘定慧力与方便力的表现了。

像最近这几天，大家高高兴兴地要我做这做那，一下照相，一下更衣，然后一会儿站，一会儿坐，镁光灯闪个不停，眼睛都要睁不开了，接着要我笑就笑，要我盘腿就盘腿，任你们的喜欢去摆布，你说这是什么呢？这就是我最好的清净道场，一样同你们高高兴兴地玩在一起，其实也可说等于入定去了，就这么简单自然，就这么任运自在，谁都可以做到，而下手关键究竟在哪里呢？前面一路下来的讲解早已说尽了，大家不妨再参究一下。如果说你一定非得找个好环境才能修道成道，那么这是环境的功德，你的作为又何足“道”哉！

佛法的目的就在解脱，不但自己解脱，也要一切众生解脱。如何解脱？不必如此这般费那么多的劲，当下便解脱了嘛！“即今放下即放下，欲待了时无了时”，说放下同时便放下。一个放下，一切放下，又有谁缚了你、解了你？这即做到“解脱一切众生海”了。

再来，“善能分别诸法海，能甚深入智慧海”，一切法皆是佛法，善法恶法、正法邪法都要彻彻底底地弄清楚，紧要处在于“善能分别一切法，于第一义而不动”，不要一听是邪魔外道之法，便吓得全身颤抖，脸色苍白，也不要修了老半天还不知道自己玩的是旁门左道。修行亟需审辨拣择所修法门的智慧，脑筋清楚，不但魔法迷惑不了你，正法也不至于成了你的执着。若以为外道不对，不可学也不用知道，那是你小气没智慧，连外道那一套都无法洞察，还学个什么佛呢？本师释迦牟尼佛对一切外道的理论与实际是了若指掌的，正因他看清各种似是而非的生命观、宇宙观，不为纷纭的万法所迷惑，所以才配称为佛——觉者。这便是智慧无上的成就，即是“能甚深入智慧海”。

然而智慧要修成，非得功德的圆满与之配合不可，不但须彻底地诸恶莫作，更应纤毫不漏地众善奉行，发大心，行大愿，百千万劫锲而不舍，虽做种种利生事业，内心清净毫无所着。所以接下来两句提到“普能清净诸行海，圆满一切诸愿海”，这又再次强调普贤行愿的主题。大家看看，佛的婆心深切实在无以复加，处处设法为我们拈出学佛的真义，怕我们疏忽了这条成就究竟菩提的坦荡大道，你们许多人总喜欢标榜自己走的是大乘佛法的路子，果真如此吗？再来“亲近供养诸佛海，修行无倦经劫海”，前面讲“常随佛学”一项已有说明，你们做到了吗？（同学们答：没有）当然没有。勇猛精进最需长远心，即便历尽沧桑，经过无量微尘的不可说劫数，此心不变，此愿不变，下地狱也好，上天堂也好，贫贱也好，富贵也好，不变就是不变，这便称得上“金刚菩提种”，货真价实如假包换的大乘行者。请再接诵下面经句：

三世一切诸如来，最胜菩提诸行愿，
我皆供养圆满修，以普贤行悟菩提。
（同学们如法唱诵）

学佛修行第一步要从普贤行愿开始，三世一切诸佛之所以能够成就佛果，全在圆满了普贤行愿。学佛者应该为了利益一切众生而上求佛道，不要只为自己的重重烦恼而求解脱，不然表面宣称学佛修道，堂皇得很，其实也还只是一种可怜的自大自利的心理而已。然而，如果真能大大地自私、大大地自利，那也好，因为大自私大自利的人，只有一个大我，我就是众生，众生就是我，表面上为自己修，实际上等于与一切众生同修，不分彼此，这是普贤行愿的修行境界，自己一人礼佛，心中同时呈现一切众生在礼敬赞叹十方诸佛，此种心包太虚的胸襟，即是普贤。但是一般人大都只为自己的小私小利，或者只为与我较接近的亲友而已，凡是对与自己有利害关系的人，就很恳切、很在意，如果是不相干的别人，便不大关心，不大用心，甚至随随便便地应付过去。如果学佛免不了这种世俗势利的心态，虽然猛地用功打坐、拜佛，精进得不得了，只要无法检点出这层细微的心理障碍，痛切改过，那么很对不起，这个菩提道果铁定是无法圆满成熟的。

比如诸位在这里号称学佛，真正是为了利他而学吗？仔细反省自己遇事的第一念、第一个反应看看，是不是保护自己的贪瞋痴慢疑等偏颇心理在作祟？退一万步说，即便为了自利而修，那也不错啊！真正做到自利，那也值得令人刮目相看了，像你们修行了这么些年，能够将自己照管得稳稳当当，自得其所吗？还是生活上一下那里出了问题，一下这里有了毛病，并且连如何处理善后的做法都捏拿不准，懵懵懂懂地，什么事都要别人来护着，自己招呼自己都招呼不好，这不是很可怜吗？

这里再重复一次，学佛想证得“最胜菩提”，要看你的行愿如何？这一点除了《华严经·普贤行愿品》外，还可参照同经的《净行品》来学，《净行品》是入世而出世，出世而入世，二者互为辅弼，圆融无碍，所以此一念心的大愿之发起，必须合乎“高高山顶立，深深海底行”的原则，以清净无着之心、大公无私之心力行种种济世利生事业。这就对了。否则只想念佛念咒、打坐修定，以此希求大彻大悟，门都没有，唯有自误而已。所以学佛要广度众生，自己家人，也是众生，首先得做到不去苦恼他们，进而能悦乐他们再说，千万不要逃避现实，贪图安逸，以学佛修道之名来自欺欺人，切实记住“以普贤行悟菩提”这句教示，好好将整个身心活活泼泼、生生不息地振作起来，勇猛精进、历久不衰地踏上这条成佛唯一的坦荡大道。再念下一段吧！

一切如来有长子，彼名号曰普贤尊，

我今回向诸善根，愿诸智行悉同彼。

（同学们如法唱诵）

“一切如来有长子，彼名号曰普贤尊”，在佛教的教理上，普贤与文殊是等妙二觉之菩萨。等是平等，即等觉之意，表示已达于与佛平等的境界，只是没有坐在教主之位而已，另外妙觉其意亦同。等妙二觉乃是超过了十地以上的菩萨，也就是佛。比如此世界一国皇帝的长子，日后要接掌帝位的，称皇太子，等妙二觉也有这么个味道，因此又称法王（佛）之子，曰法王子。普贤菩萨久远劫来早已修到等妙二觉之位，故敬称为普贤尊。我前面已经说过，普贤即普现，他无所不在，无所不生。普贤菩萨就在你那里，甚至你本身就是普贤菩萨。《华严经》告诉我们，虔诚修习普贤行愿，只要虔念普贤圣号，普贤菩萨必然现前。现在大家用功修习准提法，只要修到某一程度，你要求普贤菩萨临坛加持，他就会一下乘着他那只大方阔步、威势凛凛的六牙白象来了。

“我今回向诸善根，愿诸智行悉同彼”，回向的观念在佛教里是个重要的课题，我以前也常提到这方面的道理。你们当中有人认为回向就是回转过来，虽然修行人将所有功德善业回向某斋主或一切众生，其实这些功德善业最后还是回归到修行人自己身上，反之恶业亦同。这个说法大致可以，但还是仅止于理上的解释。又有人说回向就像现在流行的飞盘，用个方法丢出去后，它在空中飞行一下必又回旋回来原处。这样讲算不错，比较生动切实些，然而仍属比量之论。有位同学某次精诚专注念诵《心经》，当他末了动念以此回向给某位遭逢意外的道友时，竟看到一道光明从自己身上射出老远，最后又回旋掉落自己身上，感到非常奇怪。大家想想，对回向的道理，此例一举不就有点不言而喻了吗?

“回向”二字，其理至深，若要详述，答案也不仅止于上述一端，其中还牵涉到佛法许多形上与形下相关的问题，简单而言，就是整个宇宙与生命的轮回。轮回说是三世，三世其实是同时，所以你一起心动念，一言一行，不管是善是恶，当下便是同等的报应。你大力拍桌一下，桌子已同时分毫不差地回敬你所拍之力，这是因果同时，因即是果，果即是因。在此希望诸位特别警惕，你我日常生活上种种贪瞋痴慢疑的表现，在第一个念头、第一个动作出去之时，同时第一个得利或遭殃的就是自己。比如，你跟别人大发脾气，别人尚未吃亏，你自己那种意识愤然，心神晃动，血压升高，心脏跳动加速，气息混乱澎湃的身心作用，早已大大地伤害了自己，何苦来哉?!

因此，回向的意义也就是一念之间的果报。《易》有云："无平不陂，无往不复。"平路走了一阵，再来必定是上坡或者下坡，上坡或下坡过了，接着又会平坦之路出现，这种反反复复的现象是自然之理，如何出去的便如何地回来，发善念则感善果，做恶事必得恶报，这之间的因果循环纤毫不爽，切莫将回向变成佛法上的口头禅，有口无心。回向即是大布施，彻底布施，学佛者一天修行下来，或者一月一年一辈子，生生世世，所有修习的善行功德，悉数毫不保留地回向给一切众生，不求回报，甚至一切众生的苦难全都转到我身上来，无边业苦一肩挑，学佛若能具备这么大气魄的回向力，那不得了，当下便得成就，当下即是普贤，"愿诸智行悉同彼"。请再接唱下面四句：

愿身口意恒清净，诸行刹土亦复然，
如是智慧号普贤，愿我与彼皆同等。
（同学们如法唱诵）

四句偈的唱诵方法——软修法门，要你们注意华严字母，唱时气不要断，也不准有花腔小调的声音。现在你们听听王凤峤老师以京戏的唱法唱四句偈，主要是让你们了解什么是声明，以及软修法门的道理，和如何才能唱出安详的庄严、清净的境界。（王老师唱一段《三国演义》中“击鼓骂曹”的平剧）

佛教的梵唱完全是从昆曲演变过来，至于古代所说的鱼山梵唱，是不是这个音呢？非常成问题。若要真正研究佛门真正清净梵唱，京戏、昆曲、南管等都要了解，而且声明更要通达，然后创造出一个绝对清净，一开口就是梵音清净，令人一听妄想杂念就没有了，有如此境界时，那这软修法门的唱念就功德无量了。诸位好好研究，不要轻视此软修法门的方便力，同时要与华严字母的咒音配合研究，再以观音法门的修法，回转过来自己听自己的声音，达到“入流亡所”的境界，再进而“反闻闻自性，性成无上道”，一切感应就来，一切成就也来了，那悟道又有何难呢？就凭观音法门就可以悟道，为什么我连唱念也要时时盯住你们呢？其理由即在此。

世界上的人都会讲话，但没有几个声音好的，你看许多人讲话不是结结巴巴讲不清楚，就是话一出就令人讨厌，但有些人讲话令人听起来很舒服，或者非常庄重，或者非常有力量，这都是多生累世，口业清净修来，现在李先生也来唱一首吧！（李先生提到达赖六世的诗句“若将此心移学道，即生成佛有何难”，所以他以唱情歌为他的修持法门。师示：普贤菩萨比你还多情，只要你以恭敬心情唱你的情歌，绝对有功德，你放心，普贤菩萨不会怪你的。李先生唱一首名为《追寻》的曲子。)

他唱这首还蛮有意义的，就是要大家去追寻永远的光明，我们要追寻永远的光明在哪里呢？所以《普贤行愿品》的偈颂，大家要好好研究，如何去追寻唱出最清净的梵音，“若将此心移学道，即生成佛有何难”，这要注意的。现在继续讲经文的偈颂。

“愿身口意恒清净，诸行刹土亦复然”，普贤菩萨的愿力是学佛必须跨出的第一步，说是第一步，其实真跨得出，一下便达佛法的究竟处。普贤在哪里？就在诸位的生命上现，看看你的眼睛是否流露慈悲喜舍的光辉，看看你的举止是否时常散发庄严安详的气息，这便关系到当事者的身口意三业清净与否，有几分清净便现几分普贤。并且所谓清净，乃是连这一念清净之心都清净，这便是佛的境界，身口意三业清净，一切行为清净，十法界所有的尘尘刹刹悉皆清净。

西方极乐世界是阿弥陀佛及观音、势至等诸大菩萨的清净愿行所成，我们这个娑婆世界则是我们这一群众生身心行为的业力所成，只因大家心不清净，行止不平，故有高山、平原、川海、谷壑等差别现象。

今天下午吴老师曾经告诉我，他羡慕大家能有此份福报，安然在这里的禅堂用功办道。这是世局诸种因缘机遇使然，留下这片“净土”，大家千万要善加珍惜，好好把握时节因缘用功。还有这个禅堂也是一个刹土，不离因缘和合之理，其中一个大因缘便是从智法师一心要为佛教做点事的愿力，几年来一直坚持不变，他这一念心就是宝贵的普贤行，也构成了这个“禅堂刹土”。所以说一念一刹土，这是绝不虚妄的。

另外，有关学佛行善，须以智慧为前导，这是我每次讲演都强调的，智慧即般若，般若为诸佛之母，学佛的成就是智慧的成就，同一件事有智与无智分别做起来，差异很大，当然果报也成天壤之别。普贤说是普现，现个什么？——智慧。这些早就谈过很多，不再赘言。以上简单说明“愿身口意恒清净，诸行刹土亦复然，如是智慧号普贤，愿我与彼皆同等”。再来接读下文：

我为遍净普贤行，文殊师利诸大愿，
满彼事业尽无余，未来际劫恒无倦。
（同学们如法唱诵）

“我为遍净普贤行，文殊师利诸大愿”，在佛教里文殊与普贤是同等并称的两位等妙二觉大菩萨，文殊表智，乃一切智慧之师，而普贤则象征智慧的实行。普贤菩萨在《华严经》有现在我们念诵的十大行愿，文殊菩萨在《大宝积经》和《大乘瑜伽金刚性海曼殊室利千臂千钵大教王经》也有崇高伟大的十大行愿。大家想要打好大乘道的基础——普贤行愿，非得修学般若智慧不可，这就要将普贤与文殊两位菩萨的深妙法门一体同修了。

“满彼事业尽无余，未来际劫恒无倦”，上一句的“彼”字指的就是文殊与普贤，学佛要得究竟的成就，先须将他们两位前辈种种礼佛赞佛与济世利生的事业圆满完成，圆满了文殊与普贤的事业，亦即圆满了自己在佛道上的修行，说得干脆一点，不管是一天始或者到头来，文殊、普贤就是我们自己，愿力的发起与智慧的观照缺一不可。

大家到这里来，一开始我便希望每个人都由普贤行修起，所以常常半开玩笑地说：只怕你不成佛，不怕你没有众生度。我们现在唯一的事业是成佛度众生，既然出家学佛，这个志向乃是本愿，为什么不好好地将它彻彻底底地贯彻到底、实现到底呢？不然认清自己的动机意愿，知道自己心不在此，干脆收拾行李回家睡睡大觉、看看电视，不再自欺欺人，那也很好。也许你会说：这些我是已经在修在做了啊！那么，请问你百分之百尽心尽力了吗？是否有时生起疲倦之感？学佛一事的标准是要做到“尽无余”和“恒无倦”，事无大小，一切的一切圆满成就，绝无遗漏；三际平等，无穷的未来如同目前，永不疲厌。虚空有尽，我愿无穷，即此坚固一念，天长地久，海誓山盟，生生世世投注身心性命，毫不保留，这样才是奉行《普贤行愿品》的真行者，才是真普贤。请再接唱下四句：

我所修行无有量，获得无量诸功德，
安住无量诸行中，了达一切神通力。
（同学们如法唱诵）

所谓修行，其实就是彻底修正自己的心性行为，由里至外，巨细靡遗，完全加以确确实实的检点与改善，此即是作为一个修行人至死不渝的生命主题，必须永远追求达成的生命事业。佛法无量无边，修行人的学佛事业也无量无边，大家想要做点好事，但须知道善行永无止境，若是平常做了一点，甚至不少，便自以为善行累积很多，不得了。这么想就未免显得小气了。

学佛者最宝贵的是心量无限宽阔，容得下天地万物，做人处世皆以利益他人为出发点，即便做了一辈子的善事，此亦义所应为，理当如此，岂足挂齿，觉得有什么大不了的呢？人活着就是要为别人好，难道你是出生来干坏事，惹人讨厌的吗？或者是来当个饭桶，无所事事，一点利益他人之事都没有？

请大家千万谨记，“我所修行无有量”，修行是修无量行。此乃千秋万世的生命事业，所要达到的是“获得无量诸功德”。所谓“获得无量诸功德”，诸位特别注意别会错意，要点在于“无量”两字，功德是无量的，不可限量，无所执着。有些人喜欢问我：“你做了很多功德？”我说：“我什么功德都没有。”功德无量，岂有功德？若有功德，即有限量，不合佛法功德真义。

还有功德无量也包含绝不偏颇之意，佛法在善行的对象上是怨亲平等的，不因你对我不好而不利益于你，不因你跟我关系殊胜而特别利益于你，心之根本所拥有的只是一派完完全全利益一切有情的愿行，有时为了和光同尘与度生方便亦能自然示现亲疏与好恶的差别相。只要你真正慈悲喜舍，处处利他，配合智慧方便，那么，赞人爱人是道，骂人打人也是道，行善作恶皆是道。孩子犯错，父母视因缘需要打孩子，你说父母慈悲不慈悲？学生懵懂，老师依教育原理骂学生，你说老师所为是不是恶行？打骂并非不可，但须智慧驾驭，若是打时骂时动了大恶念瞋念，或是根本以恶念瞋念为之，那就与爱心大大背道而驰。另外，如果说这个家伙很可爱，所以我凡事对他好，尽量帮助他，这并不是真慈悲，因为出发点在于自己的喜好，表面为了别人，其实为的是自己，还是自私自利，这绝称不上菩萨道的。

菩萨道是完全没有条件的，对你好就对你好，此乃生命本然，天经地义，不需什么前提。善事一做便过去了、忘了，没事啦，若还要挂记着“我曾给他好处”，念念不忘，那真自生烦恼，露出自私自利的尾巴，再也无法“安住无量诸行中”了，又如何能真正“了达一切神通力”，证到三世诸佛菩萨无量无边的大神通境界呢？谈到神通，前面“速疾周遍神通力”我已稍作说明。不要误认得个千里眼、顺风耳，能够听闻远地的事物，或者了知宿世因果，静坐飞升，这些才是神通，那便因小失大，得不偿失。现在大家最好奇的种种超能力，还只是小神通而已，真正大神通要向佛和大菩萨们看齐，并且，一个人能够少私少欲，天天煮饭担柴或做其他事物，服务他人，这即是难能可贵的大神通。老实说，生命本身正是一个大神通藏，心跳是神通，呼吸是神通，扬眉瞬目皆是神通。佛菩萨有多大的神通智慧，一切众生也有多大的神通智慧。学佛为的是穷究这生命大神通藏的究竟奥秘，将它弄个清楚透彻，不为任何生命的神通现象所迷惑，若不如此，而以小神小通为尚，乐而不疲，那不就太没出息了吗？下面四句请再以虔敬投注之心唱诵：

文殊师利勇猛智，普贤慧行亦复然，

我今回向诸善根，随彼一切常修学。

（同学们如法唱诵）

刚才我们谈到文殊与普贤两位菩萨的法门要一体同修，普贤行愿中自然含摄了文殊师利的绝等智慧，文殊师利的绝等智慧也自然含摄了慈悲喜舍的普贤行愿。什么叫作菩萨——“菩提萨埵”？菩提是觉悟，萨埵为有情，中文意即觉悟有情。大彻大悟的菩萨最多情了，多情即佛心，能够慈悲万物不是坏事吧！甚至多欲也不一定是坏事。你们想不想当皇帝？武则天虽是女的，却当上了。你皇帝都不想当，还想成佛吗？成佛的欲望比想当皇帝，其大小的差距简直不可以道里计。多欲没关系，只要你转得过来，用在利益天下苍生的事业，大家做得到吗？做得到方够资格学佛。若不如此，学佛只求家人平安，自己事业顺利，或者身体健康，长命百岁，耳聪目明，牙齿不痛，晚上睡得着觉，那简直是太小里小气了，婆婆妈妈地求这些蝇头小利，真不够意思。

做人要做大丈夫，学佛要学文殊普贤，一上来便是泱泱大度，气象万千，发大愿行，生大智慧，凡事以别人的利益为紧要，处处为别人好；临境觉照清明，洒脱自在，不依不着，不但洞察事情本末，知晓因应处理之道，并且果断能行，这便是“文殊师利勇猛智，普贤慧行亦复然”。

智慧具有光明犀利的特质，一清二楚，直截了当，所以佛说“金刚般若波罗蜜”，般若智慧犹如金刚，说断就断，绝不含糊，这是勇猛决断之智，不是作茧自缚的小聪明。比如说，如何学佛呢？——提得起，放得下。这是金刚般若，“文殊师利勇猛智”。这两句话学佛人都会讲，哪一个做到？像你们两腿盘了这么久，都发麻发胀了，很不好受，说要放下，不麻不胀，行吗？或者麻归麻，胀归胀，老子就是无所谓，能吗？说提起就提起，说放下就放下，提起放下任运自在，这是大丈夫、大英雄，也是学佛人的真本色。

诸位以为佛法在哪里？佛法就在你我的日常生活里，一切现成，待人处事，无一不合乎慈悲喜舍，遇事临境自自然然无着无依，这样便是菩萨行，健康明朗，雍容大度，将幸福快乐带到人间的每一个角落。千万不要一接触佛法，愈学愈放不开，愈学愈提不起，忸忸怩怩，缺乏信心，说什么：哎呀！我不行，还没有修好，等我修好了再来。等你修好，我早就完蛋了，我需要你现在救我，助我一臂之力。你做得到吗？

“文殊师利勇猛智”，智慧是需要勇气与魄力的，但“勇猛”并非凶霸，并非野蛮，你说：老子这三天三夜不吃不睡，坐在这里，非入定不可。这种傻劲有点可爱，却是蛮干，没有智慧配合，不是办法。

我们本师释迦牟尼佛，看清如何追寻生命的出路，毅然决然抛弃王位不干，出家精进修行，这是一种不世出的大勇猛智。我们平常做事有此等精进的魄力吗？比如有人掉了十块钱，找了三天，晚上睡觉都还魂萦梦牵，也有人被随口骂了一句，一辈子刻骨铭心，难以释怀，这是何等的痴心！

我小时候有一回妈妈在煮菜，一看酱油没了，便叫我至邻店里舀一碗回来。我第一次去买酱油，觉得很神气，舀好酱油后，怕它溅倒出来，因此很在意地边走边看着手上的碗，结果愈看愈摇，愈摇愈看，走到半路，端碗端得太紧，一下砰的一声，整碗酱油都打翻了，惹得街上的邻人指指点点，笑我连碗酱油都端不好。可是我头都没低，地上的酱油也不看一眼，又跑回家，重新拿一个碗再去舀。这回我懂了，端到酱油，看都不看，倒不倒都不放在心上，一路很快就走回家了。事情就是这样，你越在意，越加造作，往往就越难稳定，越不平衡。对于这一点，练过武的人应能体会个中三昧，静坐也是一样，后来有人问我："你那碗打掉了，为什么头都不低，看都不看一下呢？"我说："都已经掉在地上了，再去看它干吗?!"平常我们若是打翻一瓶酱油，大概要在那里看个半天，一直感到可惜，然后去捡那瓶子，摸摸酱油，却又怕手弄脏了，往身上一擦，反而将油迹沾在衣服上，气得心里、口里直骂该死。这不是很笨吗？破了就破了，盯在那里自怨自艾，何苦啊！

"我今回向诸善根，随彼一切常修学。"这两句意思很清楚，不再多讲。不过"回向"一词，除了前面曾有的解释外，还有一回转来反省自己的意思。反省即是一种智慧的表现，深入清澈的反省，更是生起大智慧的先决条件。做人要学坏、作贱自己很容易，好的言行要培养成功却相当难，恶业易就，善果难成，有人就是想做好事，却因缺乏智慧，弄巧成拙，无形中反而造了恶业的。所以善根成就，须以智慧为前导，依止般若正观，这便得向文殊、普贤二老看齐了。请大家收摄身心、虔敬专注再诵念下八句：

三世诸佛所称叹，如是最胜诸大愿，
我今回向诸善根，为得普贤殊胜行，
愿我临欲命终时，尽除一切诸障碍，
面见彼佛阿弥陀，即得往生安乐刹。

（同学们如法唱诵）

回向善根，此乃三世诸佛所同共称扬赞叹，一切所想所行皆是为了利益众生，这是诸佛菩萨所教示的“最胜诸大愿”，此一目标志向，正是学佛行者，终生致力，世世投入的生命事业，所以说，“三世诸佛所称叹，如是最胜诸大愿，我今回向诸善根，为得普贤殊胜行”。

那么，这利益法界一切众生的善根因缘，终将归向何方呢？——阿弥陀佛极乐净土。就广义言，普贤行愿终究所成就的是一个圆融十法界，至真至善至美的佛国净土，西方阿弥陀佛的国度可为代表；就狭义言，我们这一辈子学佛，修习普贤愿行，可发愿至临终时，没有任何障难，痛痛快快地死，安安心心地死，像有些阿罗汉一样，“我生已尽，梵行已立，所作已办，不受后有”，了无遗憾，无忧无惧，于一念顷，往生净土，暂时请假不来这个世界。

比如济公和尚，那年要走，他有位供养他几十年的徒弟并不知道，在前一年请他写一幅字，济公不肯，后来要分手时，才写了一首诗给他：“五月西湖凉似秋，新荷吐蕊暗香浮，明年花落人何在，把酒问花花点头。”五月的西湖虽是夏天，却凉快如秋，湖中荷花遍开，香气四溢，然而明年秋天花谢时，写诗的人又到哪里去了呢？“把酒问花花点头”，这句颇有一切尽在不言中之意，并且闻不到任何哀伤失意的气息。济公写完，笔一丢，第二年真的就圆寂了。古来多少祖师生来死去，说走就走，抛掉这具骨头，好像丢弃一把泥沙一样，毫无任何挂碍，也没什么障难，从心所欲，自由来去，何等洒脱自在！这便是“愿我临欲命终时，尽除一切诸障碍，面见彼佛阿弥陀，即得往生安乐刹”。后面再接唱下去：

我既往生彼国已，现前成就此大愿，
一切圆满尽无余，利乐一切众生界。
（同学们如法唱诵）

我曾说过，阿弥陀佛不只一位，阿弥陀中译为无量光，意即一片无限纯净的光明境界，往生阿弥陀佛国土，生是必定生，往不一定往，不来也不往，就在这里，即此一心，无量光，无量寿，清净圆明了不可得，便是阿弥陀佛极乐世界。再说，到西方极乐世界后便一了百了了吗？——不是。到那里是去留学，进修佛法，完成普贤愿行，普度一切众生。《普贤行愿品》这里便写得明明白白：“我既往生彼国已，现前成就此大愿，一切圆满尽无余，利乐一切众生界。”

学佛未成佛前要度众生，成了佛还是要度众生，自始至终没有第二念，只是要将一切利乐归于别人身上，所以佛可说是社会真正的大福利专家。最苦难的时代，最苦难的地方，正是诸佛菩萨与所有学佛行者，布施身心、耳目、骨髓的最佳场所，要修普贤行，就得往这个火坑跳。什么是佛境界？——众生得到喜乐便是佛境界。大家需要抱定一个主义，以大智慧，清除自己自私自利的小心眼；以大智慧，善观因缘，尽心尽力如法图利别人。下面经句再顺着唱下去：

彼佛众会咸清净，我时于胜莲华生，
亲睹如来无量光，现前授我菩提记。
（同学们如法唱诵）

在西方极乐世界的佛境界里，“彼佛众会咸清净，我时于胜莲华生”，所以要往生西方极乐世界，就必须念念清净。我问你们清净从哪里来？从不清净里头来，因为有一个不清净，所以来求一个清净。假如一切都是清净，还要求清净吗？因此佛教以莲花来做标志。莲花是出于淤泥，干净的地方是没有出莲花，淤泥愈污脏愈臭得不得了，莲花开得愈茂盛，而且愈清香无比。

莲花有五德，如花果同时，我们知道世界上有些植物是先开花后结果，有些是先结果后开花，只有莲花是花果同时。花一开，里头就有莲子，莲子就是果，这是第一个问题——为什么莲花的花果同时呢？第二个问题：据说往生西方极乐世界的人，不经过娘胎，都是莲花化身，莲花花苞一开，就跳出一个我来。你说奇不奇妙？

这个世界上的人是人生的，而且是女人生的，是向下走倒转来生的，欲界天到色界天的天人是男人生的，向上走由肩上、头上裂开生的，所以三界中都离不开两性的关系，只有极乐世界是莲花化生。密教的教主——莲花生大士，他也是莲花化生，因这种方式生，所以说他永远都是十八岁少年相，永远如此十八岁的童子相。为什么往生极乐世界会莲花化生呢？我所教你们的修法中，已经教你们将来怎么样莲花化生，你们懂了没有？（同学答：观想）对，观想。你把心中心月轮观好，明点观好，一切妄想杂念没有了，专一了以后，临命终时，这一念就是了，所以修意生身的成就就是这一念起修，所以不需经过父母。也不要经过娘胎而生。我经常说，我来生若再来，就是怕投胎，真麻烦。像圆山饭店住一天的旅馆费，最贵也不到一万块钱，而我们住了十个月娘胎旅馆，一辈子的账都还不掉。有一位美国学生来电说：我母亲快到一百岁了，前几个月生病，很严重，非常想念我，而现在病已好了，他们接到这个消息，马上打电话给我，为的是让我知道情况。你看，这就是十个月旅馆的账，多痛苦，多麻烦，而且路途又遥远，两个世界国情又不同，无能为力，但是如果自己修成意生之身，人欠欠人都没有，那该有多好！

所以一念专精，你就可以莲花化生，心月轮中这一念清净观好，定好，他生来世都是这个莲花化生，所以往生极乐世界是以胜莲花生。莲花五德之一是根藕相连，其他植物都有根，但都是散开的，莲花的根是藕，也是果，所以花果同时，根果也相连，我们学佛要学莲花，第一因好，第一念好，最后就是好；也就是说动机对了。善果就对，所以莲花的根就是果，果就是根，来因就是去果，去果就是来因，因此佛法就如同莲花的道理一样。现在修法，教你们观莲花，心眼明亮，一念清清楚楚，所以临命终时，修准提法往生西方极乐世界，念头都不要动，就往生了，不往而生。不生，要再来人中，再来就再来，能入胎不迷，住胎不迷，乃至出胎不迷，看你的定力如何，都不迷才是定力。不是打坐起来，什么都不想，清清净净，那是细昏沉，况且你那一点灵灵明明还保持不了，但你只要明了理，懂得这个，要来个昏沉大定，或者大睡一觉，那也可以啊！

“彼佛众会咸清净，我时于胜莲华生”，本来就清净，清净本身就是莲花，没有另外的莲花，莲花代表清净，是出淤泥而不染，清净以外再没有一个清净。“我时于胜莲花生”，胜莲花，不是普通的莲花，是清净的境界，只要你们一念清净，心中的莲花就开了，自心就开了。我们身体上有好几处莲花，顶轮三十二瓣是趴着的莲花。喉轮十六瓣是仰起来的莲花，心轮八瓣是趴着的莲花，脐轮六十四瓣乃至女性子宫部分，男性丹田部分都是仰着的莲花，而且都是华果同时的，根叶花枝都如一的，所以你本身就是莲花。

阿弥陀佛就是无量光，普贤行愿修成就了，往生西方极乐世界，就可以不往而生了，何必往呢？“不移一步到西天，端坐西方在目前”，所以到这个时候，就可以“亲睹如来无量光，现前授我菩提记”，阿弥陀佛无量光，自然给你授记，而自性光明也知道了，这就是佛境界。

> 蒙彼如来授记已，化身无数百俱胝，
> 智力广大遍十方，普利一切众生界。
> 乃至虚空世界尽，众生及业烦恼尽，
> 如是一切无尽时，我愿究竟恒无尽。

阿弥陀佛授记，印证以后，我们自己所修成就的普贤愿力，就可以化身百千万亿的无数。人能不能化身呢？当然可以，譬如男女两人结婚以后，会生孩子，就是自己的化身，但这是有形的，假如我们普贤行愿修成就了，就不需经过男女两性，本身这一念就化开了。要生一万个我都可以，所以化身百千万亿是靠定力、智力、愿力而成就的。

“智力广大遍十方，普利一切众生界”，成了佛最后还是要回转来普利一切众生的，你以为成了佛就不来，入涅槃去，逃避现实，那还叫佛吗?《楞伽经》云：“无有佛涅槃，亦无涅槃佛。”所以说学佛的人要发大愿。

“乃至虚空世界尽，众生及业烦恼尽，如是一切无尽时，我愿究竟恒无尽”，这是学佛做菩萨人的愿力，要有这个心念，才够得上学佛。成就了化身百千万亿，遍满十方，普利一切众生界，乃至虚空世界有尽，众生以及业力和烦恼有尽，我的愿力亦如是遍满，反过来说，虚空世界乃至烦恼无有尽时，我们学佛的心同愿力比它还要大——“我愿究竟恒无尽”。所以说佛是永远再来的，永远遍满十方无边刹土的。这就是学佛的真精神。你们不论在家或出家，学佛为的是什么？总不是逃避现实吧！所以曹洞宗祖师洞山禅师有一首偈颂：

净洗浓妆为阿谁，子规声里劝人归，
百花落尽啼无尽，更向乱峰深处啼。

现在你们剃了头发，出家为僧，既不擦口红，又不施脂粉，“净洗浓妆为阿谁”，为了什么？“子规声里劝人归”，出家菩萨做的行为，所以菩萨的境界是“百花落尽啼无尽，更向乱峰深处啼”。因此菩萨道是“高高山顶立，深深海底行”，标榜陈义虽很高，行为则是走最低层起的，最苦的地方我来，那才是菩萨道。所以要搞清楚，见地要正确，学佛的第一步——普贤行愿，你行愿都没有发起，还谈什么修行？现在你们以赞叹的功德来唱诵这八句偈颂，唱时观好心中的准提佛母像及心月轮，要很自然地唱诵，才是正修法门。（同学们如法唱诵）

你们有没有动脑筋来参究，为何于此准提修持法会中，我要讲《普贤行愿品》，每一偈颂都有它的意义，不要光听，要用心，要正思惟。由礼敬诸佛的行愿起，讲到上次为止，把所有普贤行愿的功德，最后回归极乐净土，见阿弥陀佛授记，成就了再回转来广度一切众生，这是把净土的真正意愿及修行的道理，都告诉了我们。下面又是另一段的开始。

十方所有无边刹，庄严众宝供如来，
最胜安乐施天人，经一切刹微尘劫。

有些人的愿力、智慧不是走普贤行愿的路线，虽然修法不同，也是同普贤行愿一样，先修供养。下对上而言是供养，反之上对下就是布施。“十方所有无边刹，庄严众宝供如来”，先要供养佛，譬如现在佛桌上摆了两个曼达拉，这是梵文的翻音曼达拉，四个圈圈代表这个娑婆世界的四大部洲：南赡部洲、东胜神洲、西牛货洲、北俱卢洲，顶上这个尖尖代表须弥山。拿米平满放于四个圈圈里面，或其他别的东西也可以，由于这个世界维持生命的主要食品是米同面粉，所以以米来代表，并且观想有四大部洲那么多，来供养佛，供养一切众生，这是曼达拉的意义，所以端上来是以这种心情来供养，不是摆样子好看的。佛前供的灯是代表十方无尽光明，世间灯、出世灯、心灯等等都在这里。心灯代表智慧，使这佛法的智慧光明，永远都不要熄掉。尤其你们出家的责任，更要挑起，荷担如来的大法，使这个心灯永远不灭，同时我们自己的心灯也不能熄掉。其他的供品如香、花、灯、水、果、茶、食、宝、珠、衣等，一切都有它代表的意义，懂了这些意义，端上来供养，则是无比的庄严。

“十方所有无边刹，庄严众宝供如来”，一个真正学佛的人，心量胸襟要放大，不只对这个世界，要像四大部洲，须弥山那么多，要以十方世界乃至所有无边刹土，以一切最庄严的宝贝，统统拿来供养佛。随时都以这样的心念来供养十方三世一切诸佛，譬如我现在有一颗好的糖，未吃以前，先要供养十方三世诸佛，并且把这颗糖观想变化成无量无边无数，遍满十方所有无边刹土都有这颗好吃的糖，以此来供养十方所有无边刹尘佛及一切众生，能以这个心念来修行，才真叫修行。

“最胜安乐施天人，经一切刹微尘劫”，我常告诉你们，修准提法同时要参究《显密圆通成佛心要》，你们看了没有？这本书中都载有施食以及如何供养天人、神仙的修法，早晨是供养天人，晚上是施食鬼道众生。有好的饮食，未食以前，也可以供养布施，这个道理你晓得了，祭祖拜神你就知道如何做了。所以不但要供养佛，也要供养天人，供养一切善知识，乃至土地公，为什么呢？因为他比你高明，就算你出了家，将来死了，能不下地狱而做个土地公已经不错了，如果你戒律守得好，能生往欲界天，四天王天也不错了，比人的阶级高多了。至于想生往色界诸天，那你不要谈了，你的功德不但要具足，也要配合四禅定来修的，虽然十善业道的功德是天人境界的修法，但诸佛菩萨也是以此为基础。因此说，除了供养佛以外，也要最胜安乐施天人，但安乐什么呢？譬如有人生病，给他药吃，病好了，就是使他得安乐，或者有好吃的东西有营养，给他吃了觉得舒服，也是使他得安乐，或者一曲很好的音乐，听了使人心气平和，也是供养，也是布施。乃至有人心情不好，你唱首好歌，令他听了，心情开朗了，也是供养呀！所以无一不是供养，无一不是布施，以此而修供养、修布施法，也是学佛的第一步。

“经一切刹微尘劫”，不论你在任何地方施食，总不能说只施给那个地方的鬼而已，世界上各个地方都有鬼道众生。你别认为这世界上看起来那么富有，其实饿死的人以及贫穷的人，还多得很呢！甚至那些有钱、有地位的人，生了病或最后要死时，一点东西都喂不下去，这已经是饿鬼道境界了，像这样你能够一一布施令他们得到安乐吗？所以大家施食时要有此等法食遍施的广大心量，无时无处都在供养布施，由一个刹土扩充到一切刹土，由此时此刻延展到无穷的未来，如此修行才有圆满的可能。下面四句再接唱下去：

若人于此胜愿王，一经于耳能生信，
求胜菩提心渴仰，获胜功德过于彼。
（同学们如法唱诵）

供养与布施，《普贤行愿品》一路下来已经讲了很多，像这么大方彻底的菩萨行履，世上有几个呢?！一百万个乃至一亿个学佛者当中要找出一个，恐怕也不太容易吧！有人说我学佛，我说不是，我没有资格。学佛的可贵就在发起普贤愿行。真发起了，顿超你我日常所修零零碎碎的善法功德，乃至供养十方佛及布施天人等功德，所以在佛法中被尊为“胜愿王”。其他佛菩萨，比如阿弥陀佛有四十八愿，药师佛有十二大愿，文殊菩萨也有十大愿，为什么普贤菩萨的才称为“胜愿王”呢？这个大家就要好好地参一参了！

“一经于耳能生信”，能够听闻《普贤行愿品》功德已是莫大，若能如实生信，进而“求胜菩提心渴仰”，那才合于一个学佛者的本分。比如在沙漠中口干了，想求一杯水喝，遭逢饥荒，肚子饿了，想求一口饭吃，这是“渴仰”迫切之情，对于无上菩提，大家也有此等迫切的需要吗？

现在大家专修准提法，是否拥有一颗热切渴仰的心在修呢？是否坐久了，念多了，反而心烦气躁，希望早点结束呢？学佛的动机不恳切。愿力的发起不真实，那么所谓学佛修道，也只不过是满口荒唐之言，莫名其妙的一场戏论而已。真正的渴仰之心，必能起真正长远勇猛精进的愿行。所以修行要证得菩提是要发大愿，而这愿力之心是渴仰之心。

“获胜功德过于彼”，如上所言，若有人于普贤行愿的修持理路弄清楚了，也信得过了，然后起而行之，依教奉行，那么，这个的功德比那个修供养十方诸佛以及最胜安乐施天人而经一切刹微尘劫修行的功德还要大。那好了，你若执着这句话“获胜功德过于彼”，然后只想天天坐在家里诵念《普贤行愿品》，希求功德，不能确实起而行之，那么这是一种贪便宜心理，要不得。禅宗祖师骂人“偷心未死”，此即其一。

上段经文讲学佛的人必须先修供养和布施，这里是强调修普贤行愿的功德力量之大，所以大家要痛切反省，能有这么一个安和的环境进修，这是多大的福气啊！等于天天在受人天供养，应该仔细想想做人活到现在，济世利人之事到底做了几件？比如今天我拿一万块钱给你，让你晚上去做件好事，你就不一定做得圆满。当然你可以随便找个人布施出去，但却不一定能够善加发挥这一笔钱而有正面的功德，甚至严重的话，还有可能适得其反。有人一听要做善事，真有不知从何处下手之感。人活在世上，能够遇到做好事的机会，而又做得圆圆满满恰到好处，这是何等的福报与智慧呢！所以修行真要注意啊！再来八句顺着赞叹下去：

即常远离恶知识，永离一切诸恶道，
速见如来无量光，具此普贤最胜愿，
此人善得胜寿命，此人善来人中生，
此人不久当成就，如彼普贤菩萨行。
（同学们如法唱诵）

《普贤行愿品》讲到此处，又转入另一层面，主要的内涵在经文中已明明白白点出一个庞伟的轮廓，大家应能由此得到一个刻骨铭心的意象，对于佛法的基本信念，认识透彻，把持得住，那么在修行过程中便“即常远离恶知识，永离一切诸恶道”，生生世世学佛永远离开恶知识，这也说明善知识难遇，所以说：“人身难得，中土难生，明师难遇，佛法难闻。”但恶知识你又如何去识别呢？如果他不杀不盗，也不教你如此去做，并且鼓励你修学佛法，口中讲的更是引经据典，处处合乎正法之理，最后却在你不知不觉中把你带坏了，又要怎么办呢？远离恶知识并不容易，须实修普贤行才行，即便是遇到了，也是你去转他，而非他来转你。同样你若想今生来世，永遇善知识也须修普贤愿行。所以于此普贤大道行持，也就

“永离一切诸恶道”。功行圆满了，又回归极乐净土。“速见如来无量光，具此普贤最胜愿”，成就了依然又行普贤行，“我愿究竟恒无尽”。

修学普贤愿行，若是此生没能成就，也未往生西方极乐，那么这个人来生则获良好的条件，比如身体特别健康或具大善根等。由于有修普贤行的种性在，所以一投胎再来人间修行，也就很快能顺利成就，这是“此人善得胜寿命，此人善来人中生，此人不久当成就”的意思。“如彼普贤菩萨行”，若彻底实践普贤菩萨的大愿大行呢？下段经文是同一个意义，说明修普贤行愿是趣大乘道的一条正修行之路，大家继续唱诵，唱时每一字每一句，要于心中真体会进去，能如此唱诵才有功德，否则就没有用，只成了一种音乐而已。

往昔由无智慧力，所造极恶五无间，
诵此普贤大愿王，一念速疾皆消灭，
族姓种类及容色，相好智慧咸圆满，
诸魔外道不能摧，堪为三界所应供，
速诣菩提大树王，坐已降伏诸魔众，
成等正觉转法轮，普利一切诸含识。

（同学们如法唱诵）

“往昔由无智慧力，所造极恶五无间”，你看修普贤行愿的威神力之大，假如过去生由于没有智慧，造作极恶永不超生的五无间的地狱罪业，“诵此普贤大愿王”，经常能够去思惟体会，并起而行之，那么，“一念速疾皆消灭”，你过去的重罪，都可以在你一念普贤清净海中，洗涤转化了，所以他生来世再到人中转身，“族姓种类及容色，相好智慧咸圆满，诸魔外道不能摧，堪为三界所应供”，所生常居胜族，相好庄严，智慧又高，常能获得通达宇宙究竟之智，破除一切罪障，所以一切外道心魔、外魔、一切魔，都被他所摧伏了，又有普贤愿王之功德，因而堪为一切众生广大福田。

“速诣菩提大树王，坐已降伏诸魔众，成等正觉转法轮，普利一切诸含识”，所以普贤行愿成就了，如同佛成道一样，很快地安坐菩提道场，降伏魔道，证道成佛了，又再回转来普利一切众生界，所以说“多情乃佛心”。下面的偈颂，大家以虔虔诚诚的心把它全部诵完：

若人于此普贤愿，读诵受持及演说，
果报唯佛能证知，决定获胜菩提道，
若人诵此普贤愿，我说少分之善根，
一念一切悉皆圆，成就众生清净愿，
我此普贤殊胜行，无边胜福皆回向，
普愿沉溺诸众生，速往无量光佛刹。

（同学们如法唱诵）

这些修学普贤愿行的种种功德，数不胜数，一言难尽，而关键就在“一念一切悉皆圆”。这一念普贤愿心一起一行，何等的伟大！一切的佛法全被收罗在里面，这么一下就入了圆融无碍的华严大海，就成就了。所以普贤行愿的殊胜功德乃至果报，也唯有在佛的境界才能知道得清楚。

从开始到现在，《普贤行愿品》偈颂的内义说了这么多，你们也跟着听了这么多，诵了这么多，到底生出了几个普贤呢？大家快啊！快啊！快快修行啊！快往无量光佛土啊！无量光是阿弥陀，是一切如来之光，也是一切众生自性的光明。所以希望大家应把修学普贤愿行的所有功德，和殊胜福报，一同回向给过去、现在、未来法界一切沉溺在六道轮回中的无数无量众生，使他们都能得到究竟解脱，速速往生阿弥陀佛无量光国土。

一九八五年元月讲于十方禅林寒假共修会

附：心闻洞十方，当然获圆通

南师怀瑾先生于一九八五年元月二十九日

对参加准提法会同修讲述

台湾东西精华协会禅学中心整理

（一）

这次的修法，你们自动要求共修准提法四十九天，昨天期满。这是给你们大家初步发心修法的经验。也可以说是一种修持佛法渐修法门的实验。在这四十九天当中，你们大家都很有成绩。所谓成绩就是把准提咒念满十万遍左右，也许有些人多一点，有些人少一点，有些人根本在散心中修，绝对的专修根本没有。至于带发修行的居士们更谈不上，讲句老实话，无非凑凑热闹，一时兴趣而已。有人问，持咒修密法同显教，尤其同禅宗，为什么一个非常着相，一个完全舍相？为什么持咒要计较数字？很多人自作聪明，认为只要散心念，专诚就可以了，不需要计较数字，又不是做生意！这个理论很高，事实上不全对，那么一个是着相，一个是舍相，究竟哪个对呢？

不着相是以契合菩提道的道体而言，譬如虚空，不着万象。其实修密法等一切渐修法门，都是修“有”法。“有”也譬如虚空，虚空能生万有，含藏万有，有是空的“用”，“空”

是有的“体”。有法有相就有数，这你们也听过《易经》的，但一用到修行上来，见地就都不通了。譬如照密宗的修气来讲，九节佛风你们目前还是没有做好。宝瓶气左鼻不通不要做。平常你们觉得鼻子不通，呼吸一停又通了，那是什么道理呢？好像很矛盾，其实不矛盾，你们现在没有真正的宝瓶气，平常我也告诉你们，昏沉了，或者气不通了，一闭气就行了，这也是种气功，但如果你认为闭气就是宝瓶气，那便是你的见地不到，功夫不到，智慧不到，差之毫厘，失之千里。讲修持的功夫，就有那么大的差别。

（二）

现在我们回来探讨四十九天修持的状况。刚才讲过，你们除了念诵在数字上稍稍有点基础（十万遍的基础），严格而言，其他都谈不上，而修持准提法或密宗的见地，更谈不上；在感应上也只是稍稍有点而已。为什么没有大的感应呢？你们自己问问自心，不要问法，也不要问佛，不要问本尊好像没有爱你，只问你的心境修持如何，有没有专诚。所谓真心专诚便能得止了，止于准提法心口念诵的专一境界。而在此种专一的境界上真的得止了，则相似于得定，如呆如痴，像个傻瓜一样，而不真傻，因为六根不外用，安安稳稳地收回了，处于统合专一的境界。

你们特别要注意这一句话，譬如我们引用古代禅宗祖师所说的“万法归一，一归何处？”这个参禅的话头。参禅是直取菩提，证得万法的根本，所以要用心参一个话头。但修行不等于参禅，一般修行是渐修，一步一步的。那你说我不如走顿悟的路线，何必渐修呢？要知道所有的顿悟都从渐修来的，没有渐修，就没有顿悟。渐修要积功累德，并趋于“万法归一”，归在你专修准提法的观想，等身口意专一了，才能得定；能得定才谈得上解脱，不然都是口头禅。

即使把“万法归一，一归何处”都参通了，大彻大悟了，那么他以后修不修呢？最高明的最平凡，所谓“高高山顶立，深深海底行”。大家修行还是要从基础做起，要了脱生死，要生来死去得到自由自在，你非修定力不可。所以平常教你们注意呀！六度万行当中布施、持戒、忍辱、精进，都是前奏加行的工夫，先修福报，福报够了，禅定，禅定够了，才有般若。小乘法门谈“戒定慧”，“定”在中间，没有定，没有真正的戒；没有定，没有真正的慧。而且我再三讲过，尤其在这个时代，这个世界，几乎所有修佛修道都是口头禅，嘴巴讲起来高明得很，工夫一点都没有。这话你们平常都常听的，却都忘了。尤其在这里的同学——出家的同学，已经不错了，并不是说你们完全不对，但是以我的要求标准来说，都是打零分的。大多气质不够，道理上没通，虽然在这里坐禅，没有一个人真正得止，更不要说得定。心念止不了，修行便止于表面而已，你们要彻底地反省，为什么贪瞋痴慢的习气反而越来越大，没有减少呢？注意啊！这个话说起来我是很痛心的！

现在有些同学要求，不怎么严格，所以我也懒得讲你们，事实是这样，结果你们习气的弱点都爆发出来了。见地谈不上，行愿也没有。你们自己认为高明的同学越要留意，自己认为差一点的同学也不可疏忽。因为自己认为差一点，潜意识往往就比较不敢放肆，而自己认为高明的难免得意忘形，那便糟透了！

在平常，我管你们也好，不管你们也好，一个一个都仔细地观察着的。现在我要再三强调，此时（这个时代）此地（这个地区）有这么一个因缘，很不容易啊！可是因缘聚散无常，不要做美妙的糊涂梦啊！万一因缘一散，你们背着包包各自东西，自己能够走路吗？这一生的修行，年纪轻轻的有把握了吗？不要自欺了，毫无把握，差劲得一塌糊涂。这一点你们要特别留心。

（三）

前天我讲了，从今天开始，你们要继续修行，也征求过大家的意见，希望如此。但是看到你们的念诵还不得力。譬如比较真正用功念诵的，喉咙就吃不消；较为姑息自己的，认为自己用不着那么吃力，不全身投入，喉咙当然好些，你们这两种情况看来都蛮可怜！

持咒有三种念法：金刚念诵、普通的开口念诵和瑜伽念诵。三种念诵，都要晓得调气，调气就是调心。可是你们始终对调气念诵的法门搞不清楚！为什么搞不清楚？这就是你的业障。从喉轮到头轮这一部分的气脉很难通，自己对于一口气一口气心气合一的念诵，根本没有得到要领；乃至很多人都是轻声念，怕把喉咙念哑了，不肯投身进去，这都是懈怠、取巧，甚至有些人认为我只要心念就好了，何必出声呢，也是姑息。

我一再告诉你们，开口念诵等于在修气修脉，要想转这个色身的果报业报，非念不可。但是看到你们受不了的情形，颇有可怜之感。因此我一念慈悲心起，算了！从今天起，一个钟头念诵，一个钟头不念。不念干什么，改为瑜伽念诵，瑜伽念就是心念，也是默念。意要观想，都摄六根，耳根回转来，眼根回转来，你身心的念头与观想配合为一，才能得止。瑜伽念诵也在念呀！不是不念，而表面上叫作参禅，这个里头也可等于同时修慧，也就是与参禅合一的，即是观照自己，观照得清清楚楚，忘却身躯，不要一定放在心窝子、乳房中间，或是喉咙、头脑里头，不要在身上转。以我们身体的心脏部分、喉咙部分、头轮部分而言，如果你能洒然一放，与虚空合一，尽法界遍十方，同声一念，那可好呀！你做得到吗？做到就融化了身心，然后观照同时，也就是密，也就是禅。即观即照，即照即观。即观照，即是止、即是定。你能做到吗？真能做到就不得了了，就好了。

（四）

这次的进修，我美其名为“禅密双运”，禅密合修，同时进行。这是一个法门，不是两个，但是要靠你的智慧。还有大家要注意的，今天重新宣布，现在仍在准提法会中，并不同以前你们寒假的参禅打坐，咒语不念的时候，并不是放下，而是瑜伽念诵，心念还是一样，念诵的数字照样要联上去合并计算的。

此外，在这四十九天内，你们担任执事的人，讲句老实话，几乎一下座来办事就散乱了，没有真正照着准提法修持仪规，有事修法中断时要观想舌头上一个ༀ（嗡）字，甚至心中仍不离本法，而照样办事。哪一个做到了？统统没有吧！自欺欺人，这就不是修行人的本色了。年轻的几个男众，智忠只打打拳，做做运动，修持根本够不上；果锦固然忙一点，也是够不上，没有专心。你们表面上所谓修行是“依他起”，到这里是受环境所使所逼，我看得很清楚。我不在时多放逸，甚至比放逸还糟糕，大为散乱。几个年纪大一点的我也只好不严格要求，不过我希望觉慧、文慧等你们上了年纪的注意呀！光阴迅速，来日无多，不要到了腊月三十最后的时刻，拖累别人，麻烦自己，千万注意注意呀！要发愿往生西方。修准提法同发愿往生西方难道不一样吗？可见一直教你们研究《显密圆通成佛心要》都没有研究好，专持准提法，十方国土必可任意往生。

再说，念诵与唱念，除了普通的节拍以外，这里主要的就是教你们心气合一的方法，依之而行，如果真有人念到此一状况，持诵一个钟头或半个钟头，那便获益很大，身心的病痛能够逐一去除。可是我坐在这里，听你们一个个的声音，转了一圈听过来，没有人到达这境界的。如此，不要说气脉的脉结（结使）打不开，就是心念的结使，贪、瞋、痴、慢、疑、见思惑的结使也打不开。所谓顶轮的脉、喉轮的脉，真的打开了，效果就来。真的你的顶轮的脉打开了，喉轮的脉打开了，那么心轮、脐轮（丹田）等气脉整个都全部可打开。这个道理要好好参究。

大家念诵的时候，要怎么样才能心气合一，打开脉轮，使气脉归一呢？我一再告诉你们，要一口气一口气地念。单独念诵时可以自由唱念，而团体共修却不能不做规定，不然会变得乱糟糟的。我不是给你们讲过，唱念不是在唱歌，你可以不管节拍的问题；而团体的念诵有节奏，有法器配合，虽有节拍的问题，但同你心气合一也没有妨碍，自自然然就配合上了嘛！声音接不上时只要意识中间有一丝连到就行了，可是你们全堂里头几乎没有人做到，这就是所谓的工夫了。偶然也有一位、两位或者半位捏到诀窍，一开口音声就不同了。自然地，在这一点，你们真要惭愧。

到现在所谓一口气一口气地念诵，你们始终没有真正地体会到。如果真正体会到，一开口念诵，已经没有杂想，绝对没有妄念了，自然心气合一，而且感到身心皆空，与法界同体。一开口就做到了嘛！“南……无……”（师做示范），身体没有了，也没有所谓音声什么的。“南……无……萨……哆……喃……”身体自然空了。那么为什么注重一口气一口气地念？为的是要使你们内心的气脉打开。所以前一阶段特别要大家开口念，不要金刚念，因为你们还没有资格做金刚念诵。老实讲，金刚念诵也就是一口气一口气唇齿不动地念，一身百千万个细胞都在动，都在念，身心全投进去了。开口念也是这个道理。“南无萨哆喃三藐三菩陀……嗡部林”尽量舌头在拌动，唇齿不动。“南无……”（师再示范）一下就心气合一了，嘴巴自然懒得动，那是因为心气向内归一了。这一点大家要特别地注意，尤其这次继续四十九天后的念诵修持更要特别善护念。

（五）

假使以你们现在的成绩出去吹吹牛，或者表示自己还有点修行，那已经不错了，可是真达到渐修法门的标准还不够。你们身心的障碍依旧非常地大，再三告诉你们，身体的障碍、四大的老化全在一口气，所谓习气也是一口气，习气不能转化即是气质不能转化。气质是个真的东西，它不改善，身上的情、爱、欲、业力就难克服。这所谓的“气”，不是呼吸之气，但是现在要转化它，倒先要从呼吸之气开始练起，这一点特别慎重告诉大家，千万不要因达不到念诵的要求，便默默静坐，不肯用心，提不起正念，身口意观想的念头都没有，那就是严重的大昏沉。你要晓得大昏沉的果报是什么？小则畜生道，大则地狱道。很多畜生，尤其愈低等的，大部分时间都在昏沉中、在睡眠中，也就是在冬眠状态中。

动物有冬眠，人也有冬眠，气候一冷，你就容易打坐了。但打坐岂是这么容易？往往你天气冷打坐，觉得很清静、很舒服，那是细昏沉，一种变相的冬眠状态。气候太热也会昏沉，一个是阴的，一个是阳的。冬天的昏沉好像静坐一样，实际上是种不折不扣的冬眠状态，它是内敛的；天气太热的昏沉它是外放的、消耗的，在这个时候，虽然坐着不念，宁可微微张开眼睛，不要落在昏沉中。要真修持的话，身口意的观想要清明，不清明时，对付昏沉的办法之一是闭气。闭气不是宝瓶气，虽差不多，实则有别，要注意。气一闭精神就来了，然后冲出去。

再说昏沉的现象，是身心两方面的，有了身体就有昏沉。你在静坐中不执守身体内部，哪里在难过也不管，哪里气不通也不管，你从顶门上一冲就出去了，与虚空合一。准提仪轨的修法，我不是把法本交给你们了吗？最后一冲与虚空合一，虚空即我，我即虚空，虚空与我无二无别，也无虚空之量可得，你们学过没有？法本看过没有？（同学们答：有）为什么不求证？还是守在色身内胡搞！怎么不去参呢？光是要求灌顶，好啊！拿冰水来，一个个跪在佛前，头上每人各给一瓢，让你冻死，有什么用？不用慧去修有什么用？

很多学佛的人都躲在色壳子里搞，口口声声四大皆空，全是妄语。你哪里空得掉、冲得出来？等于黄龙禅师骂吕纯阳祖师，原来是个守尸鬼！所以教你修白骨观、死观，两腿一盘坐在这里，这个尸体几十斤臭肉一摆，身心内外皆空，我与虚空合一，还管你这一堆死肉干嘛？这个气魄都没有，如何学佛？假使有这个气魄，你们的念诵就很容易到达昨天讲《楞严经》上，文殊菩萨说到普贤菩萨的那个修法。那四句怎么说？

我先提头一句“心闻洞十方”，下一句呢？你们不是很用心听吗？记不得把大意讲出来看！——一个都没有？你们在这里骗我，我也骗你们，这叫作乌龟骗鳖，鳖骗贼（小偷），贼骗乌龟，大家都在转着瞎骗，忙得团团转。算了！听了课有什么用？哪里去体会？你们要晓得观想三业清净修法的成就，是“心闻洞十方”的普贤法门做到了，真到了虚空与我无二无别的境界，这个时候你能“心闻洞十方”，三业亦清净，但这还得要“生于大因力”呀！所以说“初心不能入，云何获圆通”就是这四句嘛！

你们学佛，佛所亲说的话也不听，善知识的话不听，恶知识的话也不听；全体的我见、我慢、我相，都落于邪见中。大家吃饭去！佛法哪有吃饭好？好饭才现实？去啊！

你们不了解生死，生来死去要自己能够做主，有把握才行。活着的时候健康快乐，要走的时候，不拖累别人，不麻烦自己，这非修定不可！非先修“有为定”不可。老头子们要注意啊！不要只搞清静打坐，那是做不了主的。下座。

（六）

（师引众念诵准提咒数遍）

懂不懂？不懂！这样一口气一口气念，同你练九节佛风一样。念到后来连肚皮都瘪进去了，没有了，还在念；最后放松，自然吸气，充满了再开始念，比你练九节佛风，什么气功都有效。身体、精神越来越健旺，乃至两腿坐不住，气脉念好了，一直念到下面气通了，自然经过屁股那里，一路一路都会自己震开了，到了大腿、膝盖、足底心，连十个足指头都在发乐。气通了，一身都暖和了，甚至想脱衣服才好哩！而最后连所穿衣服都没有感觉，也没有身体的感觉，完全在一片音声海中，音声海是什么？——空的。念念皆空，念念皆有。然后法界同声，此身同空，投入本尊佛母与我合一的心海中。

然而为什么现在改变方式，教你们可以瑜伽念呢？因为看你们不行。即使声音停了，键槌（木鱼引磬）一下停了，全堂静了下来，心中还是要此声此音继续瑜伽念诵，还是“南无萨哆喃……”一路下去，不过一个是正常发音，一个是声自内发，声自内发是什么法门？知不知道？昨天正好讲过《楞严经》。哪四句？上午还问过你们的，查了没有？文殊菩萨讲普贤菩萨的修法，哪个背得出来？五百块钱奖金，背不出来每人打五百板屁股。上午讲了，下午都没有去查，你们哪里在学呢？像我们以前学东西，这一下忘记了，全身毛孔都竖立起来，惭愧得真是难过。下去马上翻，翻完了马上背来，这样才是求学。所以我说你们在混。

（师提第一句“心闻洞十方”，果锦同学接背下三句“生于大因力，初心不能入，云何获圆通”。师曰：你得两百块，我得三百，是我起头的，为什么一开始不全背出来?）

“心闻洞十方”，非得“生于大因力”不可。为什么你们不能入！这不就明明白白了吗?！你们又学佛、又出家，已不算初心了；而这些居士们一天到晚阿弥陀佛，念咒子，现在跑来这里赶场一样，也不能说是初心，至少在这里已修了四十九天了，等于四十九个大劫了，为什么不能入呀？因为你们不能入，所以“云何获圆通”？假使能入那个“心闻洞十方”的境界，你早已进入普贤菩萨的行愿海去了，所以要“生于大因力”，发起真正学佛的大愿心啊！

今天再给你们讲瑜伽念诵的道理，要搞清楚，好好体会。现在静下来的时候，并不是叫你参禅。“心闻洞十方”，进入这个三昧，就不是初心了。假使能够入，当然获圆通。文殊菩萨已经说得很清楚，问你自己，云何获圆通？大家正在修学，想证得菩提，就要细心参究。观音法门从耳根入，到了普贤法门，亦同耳根有关联，闻声在心，这一旨要已透露了《楞严经》是无上的密宗。

你看佛说法五处放光，五次放光每次不同。你念诵的音声只要打通那一轮，都能体会到个中道理的。不要说我坐在这里，心空一念就好了，万缘不起，那是大昏沉；即使做到完全“空”了，也不过是小乘的果位，因为你那个空还是意识现量的一个境界。那么，我说“有”呢？也是意识现量的境界。所以永嘉禅师告诉过我们：“弃有著空病亦然，还如避溺而投火。”因此古人再三告诫我们修行的道理：“宁可著有如须弥山，不可落空如芥子许。”一落了空，转身很难。（师又念诵准提咒数遍以做示范）

所谓金刚念诵如此——唇齿不动，音声、气脉在里面念，完全融在一片音声气海里，这个里面就是指你的色壳子。所以用不着修气脉，气脉自然都震开了。但是我们念诵不在求气脉震开，在求专一得止，与“都摄六根，净念相继”是一样的道理。不是在那里穷叫唤，我听到你们只在那里吵吵嚷嚷，不是念诵。现在再来念几遍试试看，看你们懂了没有？

（大家依法念诵准提咒，师亦偶尔同念）

今天好像有一点听懂了。注意呀！我在场不在场都如此修法，没有不成就的，功德自然圆，自然可以证得菩提。刚才你们自己也听到了，已经不同了，不是吗？不过你们还没有完全上路。不完全上路，散乱昏沉便依然如故，这个四大业报之身也就没办法转化。

要知道这样一口气、一口气地念诵，嘴巴不会发干的，稍微有点感冒，这样一念，出身汗就好了，都化掉了。精神不好的，待精气神一充满，当然好了。乃至肠胃不通也会走通了，心脏不好也会打通了，肺部不清也能清理了，这些都是附带的功能，目的不在医病。

释迦牟尼佛不是传下来有禅定修气治病的法门吗？你们一出家，就是佛的弟子，这都不会，弯腰驼背地坐在那里穷嚷，声音再大，有什么用？几十个大破锣，一听便知不是修持人的声音。真修持人的声音，句句从胸襟中流出，每个音声从丹田发出，自自然然的，不假造作。

道家的庄子也曾经说过：“真人之息以踵，众人之息以喉。”普通人的呼吸到胸部肺部为止，得道的人却从脚底心发出来。你不要说丹田在人的肚脐下一寸三分，谁去量过？是有这个道理，但一寸三分究竟在哪里？这些我都讲了，但你们不要去管它，不要着这个相，气自然通了，充满了。

（七）

注意呀！现在只是试试看，还没有确定，给你们一堂念诵，另一堂静下来瑜伽念。心闻在念，气脉在身体的里头震动，发生动摇现象，可以让它动一下，不让它动也可以。这些自己应该懂得收放自如，恰到好处，要晓得我的一念跟到受阴在跑，所以它才会动；如果念不跟着感觉跑，这个身体坐在那里，就是一具白骨，甚至白骨都没有了，发光了，等于一个虚架子，一层很薄的烟雾一样，包着身体，内外都是光明，都是气，哪里会动？不动了。我不理会你这个受阴，不管你酸也好，痛也好，麻也好，胀也好，舒服也好，连舒服也不管。你觉得舒服好啊？一耽溺这个享受的滋味，你就被受阴所困，色受想行识不能解脱，怎么行呢？千万不要被受阴困住了。

但是话又说回来，因为你们不能得定，气脉不能通，不能解脱色身，所以修禅定要你先得喜得乐。先发起乐，再得喜，那也是为了打破受阴，打破这报身中的业力的一个转机。这是以楔出楔的道理，拿这颗钉子去除那一颗钉子，最后再把它拔掉。所以一再告诉你们，尽管在修持密法，念准提咒，道理还是要参究呀！傻里瓜叽地坐在这里，那岂是楞严法会？倒成了愣头愣脑的法会。

就如刚才这样，慢慢有点体会地修进去。敲键槌的人要修得好的人来担任，一个音声接一个音声，永远是这样，虽然密集，但不是快，不忙、不快、不慢、不急，就是这样，自然进入由观音菩萨的耳根法门，到达普贤菩萨的境界——“心闻洞十方”，自然可以依此大因之力，身心一天一天地健康起来，定慧也就自然而然地等持了。

我希望你们此次真正得益，这要看你们自己的福报了。开始念诵吧，念多久你们自己把握。维那是纲纪、领头的，执行键槌的维那，不但自己要练要修，同时也要观察大家的耳根音声，“心闻洞十方”，不对时要调整，该快该慢，不能自己随心所欲，为了大众的修持，要懂得如何去带领。好，开始吧！

附录一　普贤菩萨行愿及修行法门

大方广佛华严经入不思议解脱境界普贤行愿品

唐罽宾国三藏般若　奉诏译

尔时普贤菩萨摩诃萨．称叹如来胜功德已．告诸菩萨及善财言。善男子．如来功德．假使十方一切诸佛．经不可说不可说佛刹极微尘数劫．相续演说．不可穷尽。若欲成就此功德门．应修十种广大行愿。何等为十。一者礼敬诸佛。二者称赞如来。三者广修供养。四者忏悔业障。五者随喜功德。六者请转法轮。七者请佛住世。八者常随佛学。九者恒顺众生。十者普皆回向。善财白言．大圣．云何礼敬．乃至回向。

普贤菩萨告善财言。善男子．言礼敬诸佛者。所有尽法界虚空界．十方三世一切佛刹．极微尘数诸佛世尊。我以普贤行愿力故．深心信解．如对目前。悉以清净身语意业．常修礼敬。一一佛所．皆现不可说不可说佛刹极微尘数身。一一身．遍礼不可说不可说佛刹极微尘数佛。虚空界尽．我礼乃尽。以虚空界不可尽故．我此礼敬无有穷尽。如是乃至众生界尽．众生业尽．众生烦恼尽．我礼乃尽。而众生界．乃至烦恼无有尽故．我此礼敬无有穷尽。念念相续．无有间断．身语意业．无有疲厌。

复次善男子．言称赞如来者。所有尽法界虚空界．十方三世一切刹土. 所有极微一一尘中. 皆有一切世间极微尘数佛。一一佛所. 皆有菩萨海会围绕。我当悉以甚深胜解现前知见. 各以出过辩才天女微妙舌根。一一舌根. 出无尽音声海。一一音声. 出一切言辞海。称扬赞叹一切如来诸功德海. 穷未来际. 相续不断。尽于法界. 无不周遍。如是虚空界尽. 众生界尽. 众生业尽. 众生烦恼尽. 我赞乃尽。而虚空界. 乃至烦恼无有尽故. 我此赞叹无有穷尽。念念相续. 无有间断。身语意业. 无有疲厌。

复次善男子. 言广修供养者。所有尽法界虚空界. 十方三世一切佛刹极微尘中. 一一各有一切世界极微尘数佛。一一佛所. 种种菩萨海会围绕。我以普贤行愿力故. 起深信解现前知见. 悉以上妙诸供养具. 而为供养。所谓华云鬘云. 天音乐云. 天伞盖云. 天衣服云。天种种香. 涂香烧香末香. 如是等云. 一一量如须弥山王。然种种灯. 酥灯油灯. 诸香油灯。一一灯炷如须弥山。一一灯油如大海水。以如是等诸供养具. 常为供养。善男子. 诸供养中. 法供养最。所谓如说修行供养。利益众生供养。摄受众生供养。代众生苦供养。勤修善根供养。不舍菩萨业供养。不离菩提心供养。善男子. 如前供养无量功德. 比法供养一念功德. 百分不及一. 千分不及一. 百千俱胝那由他分. 迦罗分. 算分. 数分. 喻分. 优波尼沙陀分. 亦不及一。何以故. 以诸如来尊重法故。以如说行. 出生诸佛故。若诸菩萨行法供养. 则得成就供养如来。如是修行. 是真供养故。此广大最胜供养. 虚空界尽. 众生界尽. 众生业尽. 众生烦恼尽. 我供乃尽。而虚空界. 乃至烦恼不可尽故. 我此供养亦无有尽。念念相续. 无有间断。身语意业. 无有疲厌。

复次善男子．言忏悔业障者。菩萨自念我于过去无始劫中．由贪瞋痴．发身口意．作诸恶业．无量无边。若此恶业有体相者．尽虚空界不能容受。我今悉以清净三业．遍于法界极微尘刹．一切诸佛菩萨众前．诚心忏悔．后不复造．恒住净戒一切功德。如是虚空界尽．众生界尽．众生业尽．众生烦恼尽．我忏乃尽。而虚空界．乃至众生烦恼不可尽故．我此忏悔无有穷尽。念念相续．无有间断。身语意业．无有疲厌。

复次善男子．言随喜功德者。所有尽法界虚空界．十方三世一切佛刹．极微尘数诸佛如来。从初发心．为一切智．勤修福聚．不惜身命．经不可说不可说佛刹极微尘数劫。一一劫中．舍不可说不可说佛刹极微尘数头目手足。如是一切难行苦行．圆满种种波罗蜜门。证入种种菩萨智地。成就诸佛无上菩提。及般涅槃分布舍利。所有善根．我皆随喜。及彼十方一切世界．六趣四生一切种类．所有功德．乃至一尘．我皆随喜。十方三世一切声闻．及辟支佛．有学无学．所有功德．我皆随喜。一切菩萨所修无量难行苦行．志求无上正等菩提．广大功德．我皆随喜。如是虚空界尽．众生界尽．众生业尽．众生烦恼尽．我此随喜无有穷尽。念念相续．无有间断。身语意业．无有疲厌。

复次善男子．言请转法轮者。所有尽法界虚空界．十方三世一切佛刹极微尘中．一一各有不可说不可说佛刹极微尘数广大佛刹。一一刹中．念念有不可说不可说佛刹极微尘数一切诸佛成等正觉．一切菩萨海会围绕。而我悉以身口意业．种种方便．殷勤劝请．转妙法轮。如是虚空界尽．众生界尽．众生业尽．众生烦恼尽．我常劝请一切诸佛转正法轮．无有穷尽。念念相续．无有间断。身语意业．无有疲厌。

复次善男子．言请佛住世者。所有尽法界虚空界．十方三世一切佛刹极微尘数诸佛如来将欲示现般涅槃者。及诸菩萨声闻缘觉．有学无学．乃至一切诸善知识．我悉劝请莫入涅槃。经于一切佛刹极微尘数劫．为欲利乐一切众生。如是虚空界尽．众生界尽．众生业尽．众生烦恼尽．我此劝请无有穷尽。念念相续．无有间断。身语意业．无有疲厌。

复次善男子．言常随佛学者。如此娑婆世界．毗卢遮那如来．从初发心．精进不退．以不可说不可说身命．而为布施。剥皮为纸．析骨为笔．刺血为墨．书写经典．积如须弥。为重法故．不惜身命。何况王位．城邑聚落．宫殿园林．一切所有。及余种种难行苦行．乃至树下成大菩提．示种种神通．起种种变化．现种种佛身．处种种众会。或处一切诸大菩萨．众会道场。或处声闻．及辟支佛．众会道场。或处转轮圣王．小王眷属．众会道场。或处刹利．及婆罗门．长者居士．众会道场。乃至或处天龙八部．人非人等．众会道场。处于如是种种众会。以圆满音．如大雷震。随其乐欲．成熟众生。乃至示现入于涅槃。如是一切．我皆随学。如今世尊毗卢遮那。如是尽法界虚空界．十方三世一切佛刹．所有尘中一切如来．皆亦如是．于念念中．我皆随学。如是虚空界尽．众生界尽．众生业尽．众生烦恼尽．我此随学无有穷尽。念念相续．无有间断。身语意业．无有疲厌。

复次善男子．言恒顺众生者。谓尽法界虚空界十方刹海．所有众生．种种差别。所谓卵生．胎生．湿生．化生。或有依于地水火风而生住者。或有依空．及诸卉木．而生住者。种种生类。种种色身。种种形状。种种相貌。种种寿量。种种族类。种种名号。种种心性。种种知见。种种欲乐。种种意行。种种威仪。种种衣服。种种饮食。处于种种村营聚落. 城邑宫殿。乃至一切天龙八部. 人非人等。无足二足. 四足多足。有色无色。有想无想。非有想非无想。如是等类. 我皆于彼随顺而转。种种承事. 种种供养。如敬父母. 如奉师长. 及阿罗汉. 乃至如来. 等无有异。于诸病苦. 为作良医。于失道者. 示其正路。于暗夜中. 为作光明。于贫穷者. 令得伏藏。菩萨如是平等饶益一切众生。何以故。菩萨若能随顺众生. 则为随顺供养诸佛。若于众生尊重承事. 则为尊重承事如来。若令众生生欢喜者. 则令一切如来欢喜。何以故。诸佛如来. 以大悲心而为体故。因于众生而起大悲. 因于大悲生菩提心. 因菩提心成等正觉。譬如旷野沙碛之中有大树王. 若根得水. 枝叶华果. 悉皆繁茂。生死旷野菩提树王. 亦复如是。一切众生而为树根. 诸佛菩萨而为华果。以大悲水饶益众生. 则能成就诸佛菩萨智慧华果。何以故。若诸菩萨以大悲水饶益众生. 则能成就阿耨多罗三藐三菩提故。是故菩提属于众生。若无众生. 一切菩萨. 终不能成无上正觉。善男子. 汝于此义. 应如是解。以于众生心平等故. 则能成就圆满大悲。以大悲心随众生故. 则能成就供养如来。菩萨如是随顺众生. 虚空界尽. 众生界尽. 众生业尽. 众生烦恼尽. 我此随顺无有穷尽。念念相续. 无有间断。身语意业. 无有疲厌。

复次善男子. 言普皆回向者。从初礼拜. 乃至随顺. 所有功德. 皆悉回向尽法界虚空界一切众生。愿令众生常得安乐. 无诸病苦。欲行恶法. 皆悉不成。所修善业. 皆速成就。关闭一切诸恶趣门。开示人天涅槃正路。若诸众生．因其积集诸恶业故．所感一切极重苦果．我皆代受。令彼众生．悉得解脱．究竟成就无上菩提。菩萨如是所修回向．虚空界尽．众生界尽．众生业尽．众生烦恼尽．我此回向无有穷尽。念念相续．无有间断。身语意业．无有疲厌。

善男子．是为菩萨摩诃萨十种大愿．具足圆满。若诸菩萨于此大愿随顺趣入．则能成熟一切众生。则能随顺阿耨多罗三藐三菩提。则能成满普贤菩萨诸行愿海。是故善男子．汝于此义．应如是知。若有善男子善女人．以满十方无量无边不可说不可说佛刹极微尘数一切世界上妙七宝．及诸人天最胜安乐．布施尔所一切世界所有众生．供养尔所一切世界诸佛菩萨．经尔所佛刹极微尘数劫相续不断．所得功德。若复有人．闻此愿王．一经于耳．所有功德．比前功德．百分不及一．千分不及一．乃至优波尼沙陀分亦不及一。或复有人．以深信心．于此大愿受持读诵．乃至书写一四句偈．速能除灭五无间业。所有世间身心等病．种种苦恼．乃至佛刹极微尘数一切恶业皆得消除。一切魔军．夜叉罗刹．若鸠槃荼，若毗舍阇．若部多等．饮血啖肉．诸恶鬼神．皆悉远离。或时发心亲近守护。是故若人诵此愿者．行于世间．无有障碍。如空中月．出于云翳。诸佛菩萨之所称赞．一切人天皆应礼敬．一切众生悉应供养。此善男子．善得人身．圆满普贤所有功德。不久当如普贤菩萨．速得成就微妙色身．具三十二大丈夫相。若生人天．所在之处．常居胜族。悉能破坏一切恶趣。悉能远离一切恶友。悉能制服一切外道。悉能解脱一切烦恼。如师子王．摧伏群兽．堪受一切众生供养。又复是人临命终时．最后刹那。一切诸根悉皆散坏。一切亲属悉皆舍离。一切威势悉皆退失。辅相大臣．宫城内外．象马车乘．珍宝伏藏．如是一切．无复相随。唯此愿王．不相舍离。于一切时．引导其前一刹那中．即得往生极乐世界。到已．即见阿弥陀佛。文殊师利菩萨。普贤菩萨。观自在菩萨。弥勒菩萨等。此诸菩萨．色相端严．功德具足．所共围绕。其人自见生莲华中．蒙佛授记。得授记已．经于无数百千万亿那由他劫．普于十方不可说不可说世界．以智慧力．随众生心．而为利益。不久当坐菩提道场。降伏魔军。成等正觉。转妙法轮。能令佛刹极微尘数世界众生．发菩提心。随其根性．教化成熟。乃至尽于未来劫海．广能利益一切众生。善男子．彼诸众生．若闻若信此大愿王．受持读诵．广为人说．所有功德．除佛世尊．余无知者。是故汝等闻此愿王．莫生疑念．应当谛受。受已能读。读已能诵。诵已能持。乃至书写．广为人说。是诸人等．于一念中．所有行愿．皆得成就。所获福聚．无量无边。能于烦恼大苦海中．拔济众生．令其出离．皆得往生阿弥陀佛极乐世界。

尔时普贤菩萨摩诃萨．欲重宣此义．普观十方而说偈言。

所有十方世界中　三世一切人师子
我以清净身语意　一切遍礼尽无余
普贤行愿威神力　普现一切如来前
一身复现刹尘身　一一遍礼刹尘佛
于一尘中尘数佛　各处菩萨众会中
无尽法界尘亦然　深信诸佛皆充满
各以一切音声海　普出无尽妙言辞

尽于未来一切劫　赞佛甚深功德海
以诸最胜妙华鬘　伎乐涂香及伞盖
如是最胜庄严具　我以供养诸如来
最胜衣服最胜香　末香烧香与灯烛
一一皆如妙高聚　我悉供养诸如来
我以广大胜解心　深信一切三世佛
悉以普贤行愿力　普遍供养诸如来
我昔所造诸恶业　皆由无始贪瞋痴
从身语意之所生　一切我今皆忏悔
十方一切诸众生　二乘有学及无学
一切如来与菩萨　所有功德皆随喜
十方所有世间灯　最初成就菩提者
我今一切皆劝请　转于无上妙法轮
诸佛若欲示涅槃　我悉至诚而劝请
唯愿久住刹尘劫　利乐一切诸众生
所有礼赞供养福　请佛住世转法轮
随喜忏悔诸善根　回向众生及佛道
我随一切如来学　修习普贤圆满行
供养过去诸如来　及与现在十方佛
未来一切天人师　一切意乐皆圆满
我愿普随三世学　速得成就大菩提
所有十方一切刹　广大清净妙庄严
众会围绕诸如来　悉在菩提树王下
十方所有诸众生　愿离忧患常安乐
获得甚深正法利　灭除烦恼尽无余

我为菩提修行时　一切趣中成宿命
常得出家修净戒　无垢无破无穿漏
天龙夜叉鸠槃荼　乃至人与非人等
所有一切众生语　悉以诸音而说法
勤修清净波罗蜜　恒不忘失菩提心
灭除障垢无有余　一切妙行皆成就
于诸惑业及魔境　世间道中得解脱
犹如莲华不著水　亦如日月不住空
悉除一切恶道苦　等与一切群生乐
如是经于刹尘劫　十方利益恒无尽
我常随顺诸众生　尽于未来一切劫
恒修普贤广大行　圆满无上大菩提
所有与我同行者　于一切处同集会
身口意业皆同等　一切行愿同修学
所有益我善知识　为我显示普贤行
常愿与我同集会　于我常生欢喜心
愿常面见诸如来　及诸佛子众围绕
于彼皆兴广大供　尽未来劫无疲厌
愿持诸佛微妙法　光显一切菩提行
究竟清净普贤道　尽未来劫常修习
我于一切诸有中　所修福智恒无尽
定慧方便及解脱　获诸无尽功德藏
一尘中有尘数刹　一一刹有难思佛
一一佛处众会中　我见恒演菩提行
普尽十方诸刹海　一一毛端三世海

佛海及与国土海　我遍修行经劫海
一切如来语清净　一言具众音声海
随诸众生意乐音　一一流佛辩才海
三世一切诸如来　于彼无尽语言海
恒转理趣妙法轮　我深智力普能入
我能深入于未来　尽一切劫为一念
三世所有一切劫　为一念际我皆入
我于一念见三世　所有一切人师子
亦常入佛境界中　如幻解脱及威力
于一毛端极微中　出现三世庄严刹
十方尘刹诸毛端　我皆深入而严净
所有未来照世灯　成道转法悟群有
究竟佛事示涅槃　我皆往诣而亲近
速疾周遍神通力　普门遍入大乘力
智行普修功德力　威神普覆大慈力
遍净庄严胜福力　无着无依智慧力
定慧方便威神力　普能积集菩提力
清净一切善业力　摧灭一切烦恼力
降伏一切诸魔力　圆满普贤诸行力
普能严净诸刹海　解脱一切众生海
善能分别诸法海　能甚深入智慧海
普能清净诸行海　圆满一切诸愿海
亲近供养诸佛海　修行无倦经劫海
三世一切诸如来　最胜菩提诸行愿
我皆供养圆满修　以普贤行悟菩提

一切如来有长子　彼名号曰普贤尊
我今回向诸善根　愿诸智行悉同彼
愿身口意恒清净　诸行刹土亦复然
如是智慧号普贤　愿我与彼皆同等
我为遍净普贤行　文殊师利诸大愿
满彼事业尽无余　未来际劫恒无倦
我所修行无有量　获得无量诸功德
安住无量诸行中　了达一切神通力
文殊师利勇猛智　普贤慧行亦复然
我今回向诸善根　随彼一切常修学
三世诸佛所称叹　如是最胜诸大愿
我今回向诸善根　为得普贤殊胜行
愿我临欲命终时　尽除一切诸障碍
面见彼佛阿弥陀　即得往生安乐刹
我既往生彼国已　现前成就此大愿
一切圆满尽无余　利乐一切众生界
彼佛众会咸清净　我时于胜莲华生
亲睹如来无量光　现前授我菩提记
蒙彼如来授记已　化身无数百俱胝
智力广大遍十方　普利一切众生界
乃至虚空世界尽　众生及业烦恼尽
如是一切无尽时　我愿究竟恒无尽
十方所有无边刹　庄严众宝供如来
最胜安乐施天人　经一切刹微尘劫
若人于此胜愿王　一经于耳能生信

求胜菩提心渴仰　获胜功德过于彼
即常远离恶知识　永离一切诸恶道
速见如来无量光　具此普贤最胜愿
此人善得胜寿命　此人善来人中生
此人不久当成就　如彼普贤菩萨行
往昔由无智慧力　所造极恶五无间
诵此普贤大愿王　一念速疾皆消灭
族姓种类及容色　相好智慧咸圆满
诸魔外道不能摧　堪为三界所应供
速诣菩提大树王　坐已降伏诸魔众
成等正觉转法轮　普利一切诸含识
若人于此普贤愿　读诵受持及演说
果报唯佛能证知　决定获胜菩提道
若人诵此普贤愿　我说少分之善根
一念一切悉皆圆　成就众生清净愿
我此普贤殊胜行　无边胜福皆回向
普愿沉溺诸众生　速往无量光佛刹

尔时普贤菩萨摩诃萨．于如来前．说此普贤广大愿王清净偈已。善财童子．踊跃无量。一切菩萨．皆大欢喜。如来赞言．善哉善哉。

尔时世尊．与诸圣者菩萨摩诃萨．演说如是不可思议解脱境界胜法门时。文殊师利菩萨而为上首。诸大菩萨．及所成熟六千比丘。弥勒菩萨而为上首．贤劫一切诸大菩萨。无垢普贤菩萨而为上首。一生补处．住灌顶位．诸大菩萨。及余十方种种世界．普来集会．一切刹海．及微尘数．诸菩萨摩诃萨众。大智舍利弗．摩诃目犍连等．而为上首．诸大声闻。并诸人天．一切世主。天．龙．夜叉．乾闼婆．阿修罗．迦楼罗．紧那罗．摩睺罗伽．人非人等．一切大众。闻佛所说．皆大欢喜．信受奉行。

大方广佛华严经净行品

唐于阗国三藏沙门实叉难陀　译

尔时智首菩萨问文殊师利菩萨言。佛子。菩萨云何得无过失身语意业。云何得不害身语意业。云何得不可毁身语意业。云何得不可坏身语意业。云何得不退转身语意业。云何得不可动身语意业。云何得殊胜身语意业。云何得清净身语意业。云何得无染身语意业。云何得智为先导身语意业。云何得生处具足。种族具足。家具足。色具足。相具足。念具足。慧具足。行具足。无畏具足。觉悟具足。云何得胜慧。第一慧最上慧。最胜慧。无量慧。无数慧。不思议慧。无与等慧。不可量慧。不可说慧。云何得因力。欲力。方便力。缘力。所缘力。根力。观察力。奢摩他力。毗钵舍那力。思惟力。云何得蕴善巧。界善巧。处善巧。缘起善巧。欲界善巧。色界善巧。无色界善巧。过去善巧。未来善巧。现在善巧。云何善修习念觉分。择法觉分。精进觉分。喜觉分。猗觉分。定觉分。舍觉分。空．无相．无愿。云何得圆满檀波罗蜜。尸波罗蜜。羼提波罗蜜。毗黎耶波罗蜜。禅那波罗蜜。般若波罗蜜。及以圆满慈悲喜舍。云何得处．非处智力。过未现在业报智力。根胜劣智力。种种界智力。种种解智力。一切至处道智力。禅解脱三昧染净智力。宿住念智力。无障碍天眼智力。断诸习智力。云何常得天王．龙王．夜叉王．乾闼婆王．阿修罗王．迦楼罗王．紧那罗王．摩睺罗伽王．人王．梵王．之所守护。恭敬供养。云何得与一切众生为依．为救．为归．为趣．为炬．为明．为照．为导．为胜导．为普导。云何于一切众生中为第一．为大．为胜．为最胜．为妙．为极妙．为上．为无上．为无等．为无等等。尔时文殊师利菩萨．告智首菩萨言。善哉佛子。汝今为欲多所饶益。多所安隐。哀愍世间．利乐天人。问如是义。佛子。若诸菩萨。善用其心。则获一切胜妙功德。于诸佛法．心无所碍。住去来今诸佛之道。随众生住．恒不舍离。如诸法相。悉能通达。断一切恶。具足众善。当如普贤色像第一。一切行愿皆得具足。于一切法无不自在。而为众生第二导师。佛子。云何用心。能获一切胜妙功德。佛子。

菩萨在家　当愿众生　知家性空　免其逼迫
孝事父母　当愿众生　善事于佛　护养一切
妻子集会　当愿众生　冤亲平等　永离贪着
若得五欲　当愿众生　拔除欲箭　究竟安隐
妓乐聚会　当愿众生　以法自娱　了妓非实
若在宫室　当愿众生　入于圣地　永除秽欲
着璎珞时　当愿众生　舍诸伪饰　到真实处
上升楼阁　当愿众生　升正法楼　彻见一切
若有所施　当愿众生　一切能舍　心无爱着
众会聚集　当愿众生　舍众聚法　成一切智
若在厄难　当愿众生　随意自在　所行无碍
舍居家时　当愿众生　出家无碍　心得解脱

入僧伽蓝　当愿众生　演说种种　无乖诤法
诣大小师　当愿众生　巧事师长　习行善法
求请出家　当愿众生　得不退法　心无障碍
脱去俗服　当愿众生　勤修善根　舍诸罪轭
剃除须发　当愿众生　永离烦恼　究竟寂灭
着袈裟衣　当愿众生　心无所染　具大仙道
正出家时　当愿众生　同佛出家　救护一切
自归于佛　当愿众生　绍隆佛种　发无上意
自归于法　当愿众生　深入经藏　智慧如海
自归于僧　当愿众生　统理大众　一切无碍
受学戒时　当愿众生　善学于戒　不作众恶
受阇梨教　当愿众生　具足威仪　所行真实
受和尚教　当愿众生　入无生智　到无依处
受具足戒　当愿众生　具诸方便　得最胜法
若入堂宇　当愿众生　升无上堂　安住不动
若敷床座　当愿众生　开敷善法　见真实相
正身端坐　当愿众生　坐菩提座　心无所着
结跏趺坐　当愿众生　善根坚固　得不动地
修行于定　当愿众生　以定伏心　究竟无余
若修于观　当愿众生　见如实理　永无乖诤
舍跏趺坐　当愿众生　观诸行法　悉归散灭
下足住时　当愿众生　心得解脱　安住不动
若举于足　当愿众生　出生死海　具众善法
着下裙时　当愿众生　服诸善根　具足惭愧
整衣束带　当愿众生　检束善根　不令散失

若着上衣　当愿众生　获胜善根　至法彼岸
着僧伽黎　当愿众生　入第一位　得不动法
手执杨枝　当愿众生　皆得妙法　究竟清净
嚼杨枝时　当愿众生　其心调净　噬诸烦恼
大小便时　当愿众生　弃贪瞋痴　蠲除罪法
事讫就水　当愿众生　出世法中　速疾而往
洗涤形秽　当愿众生　清净调柔　毕竟无垢
以水盥掌　当愿众生　得清净手　受持佛法
以水洗面　当愿众生　得净法门　永无垢染
手执锡杖　当愿众生　设大施会　示如实道
执持应器　当愿众生　成就法器　受天人供
发趾向道　当愿众生　趣佛所行　入无依处
若在于道　当愿众生　能行佛道　向无余法
涉路而去　当愿众生　履净法界　心无障碍
见升高路　当愿众生　永出三界　心无怯弱
见趣下路　当愿众生　其心谦下　长佛善根
见斜曲路　当愿众生　舍不正道　永除恶见
若见直路　当愿众生　其心正直　无谄无诳
见路多尘　当愿众生　远离尘坌　获清净法
见路无尘　当愿众生　常行大悲　其心润泽
若见险道　当愿众生　住正法界　离诸罪难
若见众会　当愿众生　说甚深法　一切和合
若见大柱　当愿众生　离我诤心　无有忿恨
若见丛林　当愿众生　诸天及人　所应敬礼
若见高山　当愿众生　善根超出　无能至顶

见棘刺树　当愿众生　疾得翦除　三毒之刺
见树叶茂　当愿众生　以定解脱　而为荫映
若见华开　当愿众生　神通等法　如华开敷
若见树华　当愿众生　众相如华　具三十二
若见果实　当愿众生　获最胜法　证菩提道
若见大河　当愿众生　得预法流　入佛智海
若见陂泽　当愿众生　疾悟诸佛　一味之法
若见池沼　当愿众生　语业满足　巧能演说
若见汲井　当愿众生　具足辩才　演一切法
若见涌泉　当愿众生　方便增长　善根无尽
若见桥道　当愿众生　广度一切　犹如桥梁
若见流水　当愿众生　得善意欲　洗除惑垢
见修园圃　当愿众生　五欲圃中　耘除爱草
见无忧林　当愿众生　永离贪爱　不生忧怖
若见园苑　当愿众生　勤修诸行　趣佛菩提
见严饰人　当愿众生　三十二相　以为严好
见无严饰　当愿众生　舍诸饰好　具头陀行
见乐着人　当愿众生　以法自娱　欢爱不舍
见无乐着　当愿众生　有为事中　心无所乐
见欢乐人　当愿众生　常得安乐　乐供养佛
见苦恼人　当愿众生　获根本智　灭除众苦
见无病人　当愿众生　入真实慧　永无病恼
见疾病人　当愿众生　知身空寂　离乖诤法
见端正人　当愿众生　于佛菩萨　常生净信
见丑陋人　当愿众生　于不善事　不生乐着

见报恩人　当愿众生　于佛菩萨　能知恩德
见背恩人　当愿众生　于有恶人　不加其报
若见沙门　当愿众生　调柔寂静　毕竟第一
见婆罗门　当愿众生　永持梵行　离一切恶
见苦行人　当愿众生　依于苦行　至究竟处
见操行人　当愿众生　坚持志行　不舍佛道
见着甲胄　当愿众生　常服善铠　趣无师法
见无铠仗　当愿众生　永离一切　不善之业
见论议人　当愿众生　于诸异论　悉能摧伏
见正命人　当愿众生　得清净命　不矫威仪
若见于王　当愿众生　得为法王　恒转正法
若见王子　当愿众生　从法化生　而为佛子
若见长者　当愿众生　善能明断　不行恶法
若见大臣　当愿众生　恒守正念　习行众善
若见城郭　当愿众生　得坚固身　心无所屈
若见王都　当愿众生　功德共聚　心恒喜乐
见处林薮　当愿众生　应为天人　之所叹仰
入里乞食　当愿众生　入深法界　心无障碍
到人门户　当愿众生　入于一切　佛法之门
入其家已　当愿众生　得入佛乘　三世平等
见不舍人　当愿众生　常不舍离　胜功德法
见能舍人　当愿众生　永得舍离　三恶道苦
若见空钵　当愿众生　其心清净　空无烦恼
若见满钵　当愿众生　具足成满　一切善法
若得恭敬　当愿众生　恭敬修行　一切佛法

不得恭敬　当愿众生　不行一切　不善之法
见惭耻人　当愿众生　具惭耻行　藏护诸根
见无惭耻　当愿众生　舍离无惭　住大慈道
若得美食　当愿众生　满足其愿　心无羡欲
得不美食　当愿众生　莫不获得　诸三昧味
得柔软食　当愿众生　大悲所熏　心意柔软
得粗涩食　当愿众生　心无染着　绝世贪爱
若饭食时　当愿众生　禅悦为食　法喜充满
若受味时　当愿众生　得佛上味　甘露满足
饭食已讫　当愿众生　所作皆办　具诸佛法
若说法时　当愿众生　得无尽辩　广宣法要
从舍出时　当愿众生　深入佛智　永出三界
若入水时　当愿众生　入一切智　知三世等
洗浴身体　当愿众生　身心无垢　内外光洁
盛暑炎毒　当愿众生　舍离众恼　一切皆尽
暑退凉初　当愿众生　证无上法　究竟清凉
讽诵经时　当愿众生　顺佛所说　总持不忘
若得见佛　当愿众生　得无碍眼　见一切佛
谛观佛时　当愿众生　皆如普贤　端正严好
见佛塔时　当愿众生　尊重如塔　受天人供
敬心观塔　当愿众生　诸天及人　所共瞻仰
顶礼于塔　当愿众生　一切天人　无能见顶
右绕于塔　当愿众生　所行无逆　成一切智
绕塔三匝　当愿众生　勤求佛道　心无懈歇
赞佛功德　当愿众生　众德悉具　称叹无尽

赞佛相好　当愿众生　成就佛身　证无相法

若洗足时　当愿众生　具神足力　所行无碍

以时寝息　当愿众生　身得安隐　心无动乱

睡眠始寤　当愿众生　一切智觉　周顾十方

佛子。若诸菩萨如是用心。则获一切胜妙功德。一切世间诸天. 魔梵. 沙门. 婆罗门. 乾闼婆. 阿修罗等。及以一切声闻. 缘觉. 所不能动。

佛说观普贤菩萨行法经

南朝宋元嘉年昙无蜜多　于扬州译

如是我闻。一时佛在毗舍离国大林精舍重阁讲堂。告诸比丘。却后三月。我当般涅槃。尊者阿难。即从座起。整衣服叉手合掌。绕佛三匝。为佛作礼。胡跪合掌谛观。如来目不暂舍。长老摩诃迦叶。弥勒菩萨摩诃萨。亦从座起合掌作礼瞻仰尊颜。

时三大士异口同音。而白佛言。世尊。如来灭后。云何众生起菩萨心。修行大乘方等经典。正念思惟一实境界。云何不失无上菩提之心。云何复当不断烦恼不离五欲。得净诸根灭除诸罪。父母所生清净常眼。不断五欲而能得见诸障外事。

佛告阿难。谛听。谛听。善思念之。如来昔在耆阇崛山及余住处。已广分别一实之道。今于此处。为未来世诸众生等。欲行大乘无上法者。欲学普贤行。普贤行者。我今当说其忆念法。若见普贤及不见者。除却罪数。今为汝等当广分别。阿难。普贤菩萨。乃生东方净妙国土。其国土相。法华经中已广分别。我今于此略而解说。阿难。若比丘．比丘尼．优婆塞．优婆夷。天龙八部一切众生。诵大乘经者。修大乘者。发大乘意者。乐见普贤菩萨色身者。乐见多宝佛塔者。乐见释迦牟尼佛及分身诸佛者。乐得六根清净者。当学是观。

此观功德除诸障碍。见上妙色。不入三昧。但诵持故。专心修习。心心相次。不离大乘。一日至三七日。得见普贤。有重障者。七七日尽然后得见。复有重者一生得见。复有重者二生得见。复有重者三生得见。如是种种业报不同。是故异说。

普贤菩萨身量无边。音声无边. 色像无边。欲来此国。入自在神通。促身令小。阎浮提人三障重故。以智慧力化乘白象。其象六牙七支跓地。其七支下生七莲华。象色鲜白。白中上者。颇梨雪山不得为比。身长四百五十由旬。高四百由旬。于六牙端有六浴池。一一浴池中生十四莲华。与池正等。其华开敷如天树王。一一华上有一玉女。颜色红辉有过天女。手中自然化五箜篌。一一箜篌。有五百乐器以为眷属。有五百飞鸟。凫雁鸳鸯皆众宝色。生花叶间。象鼻有华。其茎譬如赤真珠色。其华金色含而未敷。

见是事已。复更忏悔。至心谛观思惟大乘。心不休废。见华即敷金色金光。其莲华台是甄叔迦宝妙梵摩尼以为华鬘。金刚宝珠以为华须。见有化佛坐莲华台。众多菩萨坐莲华须。化佛眉间。亦出金光入象鼻中。从象鼻出。入象眼中。从象眼出。入象耳中。从象耳出。照象顶上。化作金台。其象头上有三化人。一捉金轮。一持摩尼珠。一执金刚杵。拟象。象即能行。脚不履地。蹑虚而游。离地七尺。地有印文。于印文中。千辐毂辋皆悉具足。一一辋间生一大莲华。

此莲华上生一化象。亦有七支。随大象行。举足下足。生七千象以为眷属。随从大象。象鼻红莲华色。上有化佛放眉间光。其光金色。如前入象鼻中。于象鼻中出。入象眼中。从象眼出。还入象耳。从象耳出。至象颈上。渐渐上至象背。化成金鞍。七宝校具。于鞍四面有七宝柱。众宝校饰以成宝台。

台中有一七宝莲华。其莲华须百宝共成。其莲华台是大摩尼。有一菩萨结跏趺坐。名曰普贤。身白玉色。五十种光。光五十种色以为项光。身诸毛孔流出金光。其金光端。无量化佛。诸化菩萨以为眷属。安庠徐步。雨大宝华至行者前。其象开口。于象牙上。诸池玉女鼓乐弦歌。其声微妙。赞叹大乘一实之道。

行者见已。欢喜敬礼。复更诵读甚深经典。遍礼十方无量诸佛。礼多宝塔及释迦牟尼。并礼普贤诸大菩萨。发是誓言。若我宿福应见普贤。愿尊遍吉。示我色身。作是愿已。昼夜六时礼十方佛。行忏悔法。诵大乘经。读大乘经。思大乘义。念大乘事。恭敬供养持大乘者。视一切人犹如佛想。于诸众生如父母想。

作是念已。普贤菩萨。即于眉间放大人相白毫光明。此光现时。普贤菩萨身相端严。如紫金山。端正微妙。三十二相皆悉备有。身诸毛孔放大光明。照其大象令作金色。一切化象亦作金色。诸化菩萨亦作金色。其金色光。照于东方无量世界。皆同金色。南西北方四维上下亦复如是。

尔时十方面一一方。有一菩萨。乘六牙白象王。亦如普贤等无有异。如是十方无量无边满中化象。普贤菩萨神通力故。令持经者皆悉得见。是时行者。见诸菩萨。身心欢喜。为其作礼。白言。大慈大悲者。愍念我故。为我说法。说是语时。诸菩萨等异口同音。各说清净大乘经法。作诸偈颂赞叹行者。是名始观普贤菩萨最初境界。

尔时行者。见是事已。心念大乘。昼夜不舍。于睡眠中。

梦见普贤为其说法。如觉无异。安慰其心。而作是言。汝所诵持。忘失是句。忘失是偈。尔时行者闻普贤菩萨所说。深解义趣。忆持不忘。日日如是。其心渐利。

普贤菩萨。教其忆念十方诸佛。随普贤教。正心正意。渐以心眼见东方佛。身黄金色。端严微妙。见一佛已。复见一佛。如是渐渐。遍见东方一切诸佛。心相利故。遍见十方一切诸佛。见诸佛已。心生欢喜。而作是言。因大乘故。得见大士。因大士力故。得见诸佛。虽见诸佛犹未了了。闭目则见。开目则失。作是语已。五体投地。遍礼十方佛。礼诸佛已。胡跪合掌而作是言。诸佛世尊。十力无畏十八不共大慈大悲三念处。常在世间色中上色。我有何罪而不得见。说是语已。复更忏悔。忏悔清净已。普贤菩萨复更现前。行住坐卧不离其侧。乃至梦中常为说法。此人觉已。得法喜乐。如是昼夜经三七日。然后方得旋陀罗尼。得陀罗尼故。诸佛菩萨所说妙法。忆持不失。亦常梦见过去七佛。唯释迦牟尼佛为其说法。是诸世尊。各各称赞大乘经典。

尔时行者。复更忏悔。遍礼十方佛。礼十方佛已。普贤菩萨住其人前。教说宿世一切业缘。发露黑恶一切罪事。向诸世尊。口自发露。既发露已。寻时即得诸佛现前三昧。得是三昧已。见东方阿閦佛及妙喜国。了了分明。如是十方。各见诸佛上妙国土。了了分明。既见十方佛已。梦象头上有一金刚人。以金刚杵遍拟六根。拟六根已。普贤菩萨。为于行者。说六根清净忏悔之法。如是忏悔。一日至七日。以诸佛现前三昧力故。普贤菩萨说法庄严故。耳渐渐闻障外声。眼渐渐见障外事。鼻渐渐闻障外香。广说如妙法华经。得是六根清净已。身心欢喜无诸恶相。心纯是法。与法相应。复更得百千万亿旋陀罗尼。

复更广见百千万亿无量诸佛。是诸世尊。各伸右手摩行者头而作是言。善哉善哉。行大乘者。发大庄严心者。念大乘者。我等昔日发菩提心时。皆亦如汝殷勤不失。我等先世行大乘故。今成清净正遍知身。汝今亦当勤修不懈。此大乘典诸佛宝藏。十方三世诸佛眼目。出生三世诸如来种。持此经者。即持佛身。即行佛事。当知是人。即是诸佛所使。诸佛世尊衣之所覆。诸佛如来真实法子。汝行大乘。不断法种。汝今谛观东方诸佛。说是语时。行者即见东方一切无量世界。地平如掌。无诸堆阜丘陵荆棘。琉璃为地。黄金间侧。十方世界亦复如是。见是地已。即见宝树。宝树高妙五千由旬。其树常出黄金白银七宝庄严。树下自然有宝师子座。其师子座。高二十由旬。座上亦出百宝光明。如是诸树及余宝座。一一宝座。皆有自然五百白象。象上皆有普贤菩萨。

尔时行者礼诸普贤。而作是言。我有何罪。但见宝地宝座及与宝树。不见诸佛。作是语已。一一座上。有一世尊端严微妙。而坐宝座。见诸佛已。心大欢喜。复更诵习大乘经典。大乘力故。空中有声而赞叹言。善哉。善哉。善男子。汝行大乘功德因缘。能见诸佛。今虽得见诸佛世尊。而不能见释迦牟尼佛分身诸佛及多宝佛塔。

闻空中声已。复勤诵习大乘经典。以诵大乘方等经故。即于梦中。见释迦牟尼佛。与诸大众。在耆阇崛山。说法华经。演一实义。教已忏悔。渴仰欲见。合掌胡跪向耆阇崛山。而作是言。如来世雄常在世间。愍念我故为我现身。作是语已。见耆阇崛山七宝庄严。无数比丘声闻大众。宝树行列宝地平正。复铺妙宝师子之座。释迦牟尼佛放眉间光。其光遍照十方世界。复过十方无量世界。此光至处。十方分身释迦牟尼佛。一时云集。广说如妙法华经。一一分身佛。身紫金色量无边。坐师子座。百亿无量诸大菩萨。以为眷属。一一菩萨。行同普贤。如此十方无量诸佛菩萨眷属。亦复如是。

大众集已。见释迦牟尼佛举身毛孔放金色光。一一光中有百亿化佛。诸分身佛。放眉间白毫大人相光。其光流入释迦牟尼佛顶。见此相时。分身诸佛一切毛孔。出金色光。一一光中。复有恒河妙微尘数化佛。

尔时普贤菩萨。复放眉间大人相光。入行者心。既入心已。行者自忆过去无数百千佛所。受持读诵大乘经典。自见故身。了了分明。如宿命通等无有异。豁然大悟。得旋陀罗尼。百千万亿诸陀罗尼门。从三昧起。面见一切分身诸佛。众宝树下坐师子床。复见琉璃地。如莲华聚。从下方空中踊出。一一华间。有微尘数菩萨。结跏趺坐。亦见普贤分身菩萨。在彼众中赞叹大乘。时诸菩萨异口同音。教于行者清净六根。或有说言。汝当念佛。或有说言。汝当念法。或有说言。汝当念僧。或有说言。汝当念戒。或有说言。汝当念施。或有说言。汝当念天。如此六法。是菩提心。生菩萨法。

汝今应当于诸佛前发露先罪。至诚忏悔。于无量世。眼根因缘贪着诸色。以着色故。念爱诸尘。以爱尘故。受女人身。世世生处。惑着诸色。色坏汝眼。为恩爱奴。色使汝经历三界。为此弊使盲无所见。今诵大乘方等经典。此经中说。十方诸佛色身不灭。汝今得见审实尔不。眼根不善。伤害汝多。随顺我语。归向诸佛。释迦牟尼说汝眼根所有罪咎。诸佛菩萨慧明法水。愿以洗除。令我清净。作是语已。遍礼十方佛。向释迦牟尼佛大乘经典。复说是言。我今所忏。眼根重罪障蔽秽浊。盲无所见。愿佛大慈。哀愍覆护。普贤菩萨乘大法船。普度一切。十方无量诸菩萨伴。唯愿慈哀。听我悔过。眼根不善。恶业障法。如是三说。五体投地。正念大乘。心不忘舍。是名忏悔眼根罪法。

称诸佛名。烧香散华。发大乘意。悬缯幡盖。说眼过患忏悔罪者。此人现世见释迦牟尼佛。及见分身无量诸佛。阿僧祇劫不堕恶道。大乘力故。大乘愿故。恒与一切陀罗尼菩萨共为眷属。作是念者是为正念。若他念者名为邪念。是名眼根初境界相。

净眼根已。复更诵读大乘经典。昼夜六时胡跪忏悔。而作是言。我今云何。但见释迦牟尼佛。分身诸佛。不见多宝佛塔全身舍利。多宝佛塔恒在不灭。我浊恶眼。是故不见。作是语已。复更忏悔。过七日已。多宝佛塔从地涌出。释迦牟尼佛。即以右手开其塔户。见多宝佛入普现色身三昧。一一毛孔。流出恒河沙微尘数光明。一一光明。有百千万亿化佛。

此相现时。行者欢喜。赞偈绕塔满七匝已。多宝如来出大音声。赞言。法子。汝今真实能行大乘。随顺普贤眼根忏悔。以是因缘。我至汝所为汝证明。说是语已。赞言。善哉善哉。释迦牟尼佛。能说大法。雨大法雨。成就浊恶诸众生等。

是时行者。见多宝佛塔已。复至普贤菩萨所。合掌敬礼白言。大师教我悔过。普贤复言。汝于多劫。耳根因缘随逐外声。闻妙音时心生惑着。闻恶声时起八百种烦恼贼害。如此恶耳。报得恶事。恒闻恶声。生诸攀缘。颠倒听故。当堕恶道边地邪见不闻法处。汝于今日。诵持大乘功德海藏。以是缘故见十方佛。多宝佛塔现为汝证。汝应自当说已过恶。忏悔诸罪。

是时行者。闻是语已。复更合掌五体投地而作是言。正遍知世尊。现为我证方等经典。为慈悲主。唯愿观我听我所说。我从多劫乃至今身。耳根因缘闻声惑着。如胶着草。闻诸恶时起烦恼毒。处处惑着。无暂停时。坐此窍声。劳我神识。坠堕三涂。今始觉知。向诸世尊发露忏悔。既忏悔已。见多宝佛放大光明。其光金色。遍照东方及十方界。无量诸佛身真金色。东方空中作是唱言。此佛世尊。号曰善德。亦有无数分身诸佛。坐宝树下师子座上。结跏趺坐。是诸世尊。一切皆入普现色身三昧。皆作是赞言。善哉善哉善男子。汝今读诵大乘经典。汝所诵者。是佛境界。

说是语已。普贤菩萨。复更为说忏悔之法。汝于前世。无量劫中。以贪香故。分别诸识。处处贪着。堕落生死。汝今应当观大乘因。大乘因者。诸法实相。闻是语已。五体投地。复更忏悔。

既忏悔已当作是语。南无释迦牟尼佛。南无多宝佛塔。南无十方释迦牟尼佛分身诸佛。作是语已。遍礼十方佛。南无东方善德佛。及分身诸佛。如眼所见。一一心礼。香华供养。供养毕已。胡跪合掌。以种种偈赞叹诸佛。既赞叹已。说十恶业忏悔诸罪。

既忏悔已而作是言。我于先世无量劫时。贪香味触。造作众恶。以是因缘。无量世来。恒受地狱饿鬼畜生边地邪见诸不善身。如此恶业今日发露。归向诸佛正法之王。说罪忏悔。

既忏悔已。身心不懈。复更诵读大乘经典。大乘力故。空中有声。告言。法子。汝今应当向十方佛赞说大乘。于诸佛前自说已过。诸佛如来是汝慈父。汝当自说舌根所作不善恶业。此舌根者。动恶业相。妄言绮语恶口两舌。诽谤妄语。赞叹邪见。说无益语。如是众多诸杂恶业。构斗坏乱。法说非法。如是众罪。今悉忏悔。诸世雄前。作是语已。五体投地。遍礼十方佛。合掌长跪。当作是语。此舌过患无量无边。诸恶业刺从舌根出。断正法轮从此舌起。如此恶舌断功德种。于非义中多端强说。赞叹邪见如火益薪。犹如猛火伤害众生。如饮毒者无疮疣死。如此罪报恶邪不善。当堕恶道百劫千劫。以妄语故堕大地狱。我今归向南方诸佛发露黑恶。

作是念时。空中有声。南方有佛。名梅檀德。彼佛亦有无量分身。一切诸佛。皆说大乘除灭罪恶。如此众罪。今向十方无量诸佛大悲世尊。发露黑恶诚心忏悔。说是语已。五体投地。复礼诸佛。是时诸佛。复放光明照行者身。令其身心自然欢喜。发大慈悲普念一切。

尔时诸佛广为行者说大慈悲及喜舍法。亦教爱语。修六和敬。尔时行者。闻此教敕。心大欢喜。复更诵习。终不懈息。

空中复有微妙音声。出如是言。汝今应当身心忏悔。身者杀盗淫。心者念诸不善。造十恶业及五无间。犹如猿猴。或如黐胶。处处贪着遍至一切六情根中。此六根业。枝条华叶。悉满三界二十五有一切生处。亦能增长无明老死十二苦事。八邪八难无不经中。汝今应当忏悔如是恶不善业。

尔时行者。闻此语已。问空中声。我今何处行忏悔法。

时空中声即说是语。释迦牟尼名毗卢遮那遍一切处。其佛住处名常寂光。常波罗蜜所摄成处。我波罗蜜所安立处。净波罗蜜灭有相处。乐波罗蜜不住身心相处。不见有无诸法相处。如寂解脱。乃至般若波罗蜜。是色常住法故。如是应当观十方佛。

时十方佛各伸右手。摩行者头作如是言。善哉善哉善男子。汝诵读大乘经故。十方诸佛。说忏悔法菩萨所行。不断结使。不住使海。观心无心。从颠倒想起。如此想心。从妄想起。如空中风。无依止处。如是法相不生不灭。何者是罪。何者是福。我心自空。罪福无主。一切法如是。无住无坏。如是忏悔。观心无心。法不住法中。诸法解脱。灭谛寂静。如是想者。名大忏悔。名庄严忏悔。名无罪相忏悔。名破坏心识。行此忏悔者。身心清净。不住法中。犹如流水。念念之中。得见普贤菩萨及十方佛。

时诸世尊。以大悲光明。为于行者说无相法。行者闻说第一义空。行者闻已。心不惊怖。应时即入菩萨正位。

佛告阿难。如是行者。名为忏悔。此忏悔者。十方诸佛。诸大菩萨。所忏悔法。

佛告阿难。佛灭度后。佛诸弟子。若有忏悔恶不善业。但当诵读大乘经典。此方等经是诸佛眼。诸佛因是得具五眼。佛三种身从方等生。是大法印。印涅槃海。如此海中。能生三种佛清净身。此三种身。人天福田应供中最。其有诵读大方等典。当知此人具佛功德。诸恶永灭。从佛慧生。尔时世尊。而说偈言。

若有眼根恶　业障眼不净

但当诵大乘　思念第一义
是名忏悔眼　尽诸不善业
耳根闻乱声　坏乱和合义
由是起狂乱　犹如痴猿猴
但当诵大乘　观法空无相
永尽一切恶　天耳闻十方
鼻根着诸香　随染起诸触
如此狂惑鼻　随染生诸尘
若诵大乘经　观法如实际
永离诸恶业　后世不复生
舌根起五种　恶口不善业
若欲自调顺　应勤修慈心
思法真寂义　无诸分别相
心根如猿猴　无有暂停时
若欲折伏者　当勤诵大乘
念佛大觉身　力无畏所成
身为机关主　如尘随风转
六贼游戏中　自在无挂碍
若欲灭此恶　永离诸尘劳
常处涅槃城　安乐心恬怕
当诵大乘经　念诸菩萨母
无量胜方便　从思实相得
如此等六法　名为六情根
一切业障海　皆从妄想生
若欲忏悔者　端坐念实相

众罪如霜露　慧日能消除
是故应至心　忏悔六情根

说是偈已。佛告阿难。汝今持是忏悔六根观普贤菩萨法。普为十方诸天世人。广分别说。佛灭度后。佛诸弟子。若有受持读诵解说方等经典。应于静处。若在冢间。若林树下。阿练若处。诵读方等。思大乘义。念力强故。得见我身及多宝佛塔。十方分身无量诸佛。普贤菩萨。文殊师利菩萨。药王菩萨。药上菩萨恭敬法故。持诸妙华住立空中。赞叹恭敬。行持法者。但诵大乘方等经故。诸佛菩萨。昼夜供养是持法者。佛告阿难。我与贤劫诸菩萨及十方诸佛。因思大乘真实义故。除却百万亿亿劫阿僧祇数生死之罪。因此胜妙忏悔法故。今于十方各得为佛。

若欲疾成阿耨多罗三藐三菩提者。若欲现身见十方佛及普贤菩萨。当净澡浴着净洁衣。烧众名香。在空闲处。应当诵读大乘经典。思大乘义。

佛告阿难。若有众生。欲观普贤菩萨者当作是观。作是观者是名正观。若他观者是名邪观。佛灭度后。佛诸弟子。随顺佛语行忏悔者。当知是人行普贤行。行普贤行者。不见恶相及恶业报。其有众生。昼夜六时礼十方佛。诵大乘经。思第一义甚深空法。一弹指顷。除去百万亿亿阿僧祇劫生死之罪。行此行者。真是佛子。从诸佛生。十方诸佛及诸菩萨。为其和上。是名具足菩萨戒者。不须羯磨。自然成就。应受一切人天供养。

尔时行者。若欲具足菩萨戒者。应当合掌在空闲处。遍礼十方佛忏悔诸罪。自说己过。然后静处。白十方佛。而作是言。

诸佛世尊常住在世。我业障故。虽信方等。见佛不了。今归依佛。唯愿释迦牟尼正遍知世尊。为我和上。文殊师利具大慧者。愿以智慧。授我清净诸菩萨法。弥勒菩萨胜大慈日。怜愍我故。亦应听我受菩萨法。十方诸佛。现为我证。诸大菩萨。各称其名。是胜大士。覆护众生。助护我等。今日受持方等经典。乃至失命。设堕地狱受无量苦。终不毁谤诸佛正法。以是因缘功德力故。今释迦牟尼佛。为我和上。文殊师利。为我阿阇黎。当来弥勒。愿授我法。十方诸佛愿证知我。大德诸菩萨。愿为我伴。我今依大乘经甚深妙义。归依佛。归依法。归依僧。

如是三说。归依三宝已。次当自誓受六重法。受六重法已。次当勤修无碍梵行。发广济心。受八重法。立此誓已。于空闲处。烧众名香。散华。供养一切诸佛及诸菩萨大乘方等。而作是言。我于今日发菩提心。以此功德普度一切。作是语已。复更顶礼一切诸佛及诸菩萨。思方等义。一日乃至三七日。若出家在家。不须和上。不用诸师。不白羯磨。受持读诵大乘经典力故。普贤菩萨劝发行故。是十方诸佛正法眼目。因由是法。自然成就五分法身。戒. 定. 慧. 解脱. 解脱知见。诸佛如来从此法生。于大乘经得受记别。

是故智者。若声闻毁破三归及五戒. 八戒. 比丘戒. 比丘尼戒. 沙弥戒. 沙弥尼戒. 式叉摩尼戒. 及诸威仪。愚痴. 不善. 恶邪心故。多犯诸戒及威仪法。若欲除灭。令无过患。还为比丘。具沙门法。当勤修读方等经典。思第一义甚深空法。

令此空慧与心相应。当知此人。于念念顷。一切罪垢永尽无余。是名具足沙门法式。具诸威仪。应受人天一切供养。

若优婆塞。犯诸威仪。作不善事。不善事者。所谓。说佛法过恶。论说四众所犯恶事。偷盗淫泆无有惭愧。若欲忏悔。灭诸罪者。当勤读诵方等经典。思第一义。

若王者. 大臣. 婆罗门. 居士. 长者. 宰官。是诸人等。贪求无厌。作五逆罪。谤方等经。具十恶业。是大恶报。应堕恶道。过于暴雨。必定当堕阿鼻地狱。若欲除灭此业障者。应生惭愧。改悔诸罪。

云何名刹利居士忏悔法。忏悔法者。但当正心。不谤三宝。不障出家。不为梵行人作恶留难。应当系念修六念法。亦当供给供养持大乘者。不必礼拜。应当忆念甚深经法第一义空。思是法者。是名刹利居士修第一忏悔。

第二忏悔者。孝养父母恭敬师长。是名修第二忏悔法。

第三忏悔者。正法治国。不邪枉人民。是名修第三忏悔。

第四忏悔者。于六斋日敕诸境内。力所及处。令行不杀。修如此法。是名修第四忏悔。

第五忏悔者。但当深信因果。信一实道。知佛不灭。是名修第五忏悔。

佛告阿难。于未来世。若有修习如此忏悔法。当知此人着惭愧服。诸佛护助。不久当成阿耨多罗三藐三菩提。说是语时。十千天子。得法眼净。弥勒菩萨等诸大菩萨及以阿难。闻佛所说。欢喜奉行。

佛说观音贤菩萨行法经。

法华经普贤菩萨劝发品

姚秦三藏法师鸠摩罗什　奉诏译

尔时普贤菩萨以自在神通力．威德名闻。与大菩萨无量无边不可称数．从东方来。所经诸国．普皆震动。雨宝莲华。作无量百千万亿种种伎乐。又与无数诸天龙．夜叉．乾闼婆．阿修罗．迦楼罗．紧那罗．摩睺罗伽．人非人等．大众围绕。各现威德神通之力。到娑婆世界耆阇崛山中。头面礼释迦牟尼佛。右绕七匝．白佛言。世尊。我于宝威德上王佛国．遥闻此娑婆世界说法华经。与无量无边百千万亿诸菩萨众．共来听受。惟愿世尊当为说之。若善男子善女人．于如来灭后．云何能得是法华经。佛告普贤菩萨。若善男子善女人．成就四法。于如来灭后．当得是法华经。一者为诸佛护念。二者植众德本。三者入正定聚。四者发救一切众生之心。善男子善女人．如是成就四法。于如来灭后．必得是经。尔时普贤菩萨．白佛言。世尊。于后五百岁浊恶世中．其有受持是经典者。我当守护。除其衰患．令得安隐。使无伺求得其便者。若魔．若魔子．若魔女．若魔民．若为魔所着者。若夜叉．若罗刹．若鸠槃荼．若毗舍阇．若吉蔗．若富单那．若韦陀罗等。诸恼人者．皆不得便。是人若行若立．读诵此经。我尔时乘六牙白象王．与大菩萨众俱诣其所。而自现身．供养守护。安慰其心。亦为供养法华经故。是人若坐．思惟此经。尔时我复乘白象王．现其人前。其人若于法华经．有所忘失一句一偈。我当教之．与共读诵．还令通利。尔时受持读诵法华经者。得见我身。甚大欢喜。转复精进。以见我故．即得三昧．及陀罗尼。名为旋陀罗尼。百千万亿旋陀罗尼。法音方便陀罗尼。得如是等陀罗尼。世尊。若后世后五百岁浊恶世中．比丘比丘尼．优婆塞优婆夷。求索者．受持者．读诵者．书写者。欲修习是法华经。于三七日中．应一心精进。满三七日已。我当乘六牙白象．与无量菩萨而自围绕。以一切众生所喜见身．现其人前而为说法。示教利喜。亦复与其陀罗尼咒。得是陀罗尼故．无有非人能破坏者。亦不为女人之所惑乱。我身亦自常护是人。惟愿世尊．听我说此陀罗尼咒。即于佛前．而说咒曰。

阿檀地 檀陀婆地 檀陀婆帝 檀陀鸠舍隶 檀陀修 陀隶修陀隶 修陀罗婆底 佛驮波羶祢 萨婆陀罗尼阿婆多尼 萨婆婆沙阿婆多尼 修阿婆多尼 僧伽婆履叉尼 僧伽涅伽陀尼 阿僧祇 僧伽婆伽地 帝隶阿惰僧伽兜略 卢遮切 阿罗帝婆罗帝 萨波僧伽地三摩地伽兰地 萨婆达磨修波利刹帝 萨婆萨埵楼驮憍舍略阿㝹伽地 辛阿毗吉利地帝

世尊。若有菩萨得闻是陀罗尼者。当知普贤神通之力。若法华经行阎浮提。有受持者．应作此念。皆是普贤威神之力。若有受持读诵．正忆念．解其义趣。如说修行。当知是人行普贤行。于无量无边诸佛所．深种善根。为诸如来手摩其头。若但书写。是人命终．当生忉利天上。是时八万四千天女．作众伎乐而来迎之。其人即着七宝冠。于采女中娱乐快乐。何况受持读诵. 正忆念. 解其义趣. 如说修行。若有人受持读诵解其义趣。是人命终. 为千佛授手。令不恐怖. 不堕恶趣。即往兜率天上弥勒菩萨所。弥勒菩萨. 有三十二相大菩萨众所共围绕。有百千万亿天女眷属而于中生。有如是等功德利益。是故智者. 应当一心自书. 若使人书. 受持读诵. 正忆念. 如说修行。世尊。我今以神通力故. 守护是经。于如来灭后. 阎浮提内。广令流布. 使不断绝。尔时释迦牟尼佛赞言。善哉善哉。普贤。汝能护助是经。令多所众生. 安乐利益。汝已成就不可思议功德。深大慈悲。从久远来. 发阿耨多罗三藐三菩提意。而能作是神通之愿. 守护是经。我当以神通力. 守护能受持普贤菩萨名者。普贤。若有受持读诵. 正忆念. 修习书写是法华经者。当知是人. 则见释迦牟尼佛。如从佛口闻此经典。当知是人. 供养释迦牟尼佛。当知是人. 佛赞善哉。当知是人. 为释迦牟尼佛手摩其头。当知是人. 为释迦牟尼佛衣之所覆。如是之人. 不复贪着世乐。不好外道经书手笔。亦复不喜亲近其人。及诸恶者。若屠儿，若畜猪羊鸡狗. 若猎师. 若炫卖女色。是人心意质直。有正忆念。有福德力。是人不为三毒所恼。亦不为嫉妒我慢邪慢增上慢所恼。是人少欲知足. 能修普贤之行. 普贤. 若如来灭后. 后五百岁。若有人见受持读诵法华经者。应作是念。此人不久当诣道场. 破诸魔众. 得阿耨多罗三藐三菩提。转法轮。击法鼓。吹法螺。雨法雨。当坐天人大众中师子法座上。普贤。若于后世. 受持读诵是经典者。是人不复贪着衣服卧具饮食资生之物。所愿不虚。亦于现世得其福报。若有人轻毁之。言汝狂人耳。空作是行。终无所获。如是罪报．当世世无眼。若有供养赞叹之者。当于今世得现果报。若复见受持是经者。出其过恶。若实若不实。此人现世得白癞病。若轻笑之者。当世世牙齿疏缺。丑唇平鼻。手脚缭戾。眼目角睐。身体臭秽。恶疮脓血。水腹短气。诸恶重病。是故普贤。若见受持是经典者。当起远迎。当如敬佛。说是普贤劝发品时。恒河沙等无量无边菩萨．得百千万亿旋陀罗尼。三千大千世界微尘等诸菩萨．具普贤道。佛说是经时。普贤等诸菩萨舍利弗等诸声闻。及诸天龙人非人等。一切大会皆大欢喜。受持佛语．作礼而去。

妙法莲华经卷第七

妙音观音．救苦寻声。净藏净眼转邪心。普贤行愿深。四法常钦．万古永为箴。

楞严经普贤菩萨心闻法门

唐天竺沙门般剌密帝 译　南怀瑾先生 语译

普贤菩萨．即从座起．顶礼佛足。而白佛言。我已曾与恒沙如来为法王子。十方如来．教其弟子菩萨根者．修普贤行①．从我立名。世尊。我用心闻②．分别众生所有知见。若于他方恒沙界外．有一众生．心中发明普贤行者．我于尔时乘六牙象．分身百千．皆至其处。纵彼障深．未得见我。我与其人暗中摩顶．拥护安慰．令其成就。佛问圆通．我说本因．心闻发明．分别自在．斯为第一。

耳识界（心声闻听的修法）：普贤菩萨起立自述说："我已经为过去无量数佛的法王子，一切十方世界的佛，教授他们的弟子修大乘菩萨道的根本时，都教他们修习普贤的行持。这种普贤的法门，乃由我而建立。（普贤菩萨，旧译又名普现。顾名思义，就是在一切处显现的意义。普贤菩萨的修法，是代表大乘菩萨道的大行。有显教密教修法的异同。但都以《华严经》的《普贤行愿品》为基础。密教修法。如金刚萨埵大

---

① 普贤行：行弥法界曰普，位邻极圣曰贤，凡具大根修菩萨行，皆名普贤行也。

② 心闻：耳识也。

法等，以咒语配合瑜伽观想做行持。显教修法。以身体力行为主。但一般修习念诵者，大多都是口里念过去，没有深思力行他的功用。为了发心修习大乘道的人，有合法的修持。现在融会显密修法的道理，述说他简单的规范。凡是真实发心修习大乘佛道的人，首先要熟读《普贤行愿品》。当念习纯熟以后，要深思他的意义和意境。然后把他所述说的十大行愿，构成一种意境上的境界。例如以第一行愿礼敬十方诸佛的法门来说：当你起身礼佛，或者在禅静中，起意礼敬十方诸佛的时候。自己忘记身心的感觉，在意境上，构成一个没有时间空间的广大无边的境界。意想十方诸佛都一一显现在面前。每位佛前，都有一意境上化身的我，在佛前恭敬礼拜。依次如启请、供养，一一都有我在前面，发声赞叹，或者念诵。每一行愿，都要构成一种意境上实际的境象。这样久而久之，意境形成妙有的实相。即有如普贤菩萨的宝相庄严，乘坐六牙白象，也宛然显现，如在目前。可以参看《法华经》上的记述。但是意境上一念收回，即如这些所有现象，也完全寂灭不生。身心都不执着，自然归于了无所有的寂灭性相之中。至于其中的真空妙有，缘起性空的至理，也就可以在这种修法上去体会印证了。）普贤菩萨又说："我用这种心闻修法的结果，能够分别一切众生的所有知见与意念，纵使在无量数的远方世界以外，有一个众生，他的心里能够发心修习此法。我就在那时，乘六牙白象，分出百千个化身，到他的前面。即使他们业障深重，一时不能够见到我。我也为他们暗中摩顶，爱护他，辅助他，使他渐渐地有所成就。佛现在要问我们修什么方法，方能圆满通达佛的果地。我现在说出从前开始学佛，是用这心声闻法的方法，发明悟了澄澈的自性，并且能够发生妙用，可以自在运用分别心，才是第一妙法。”（心声等于是说心理念波的交感作用，可与现在心灵交感来参考研究。）

附录二　诸佛菩萨之行愿与修行法门

东方药师琉璃光如来十二大愿

尔时。曼殊室利法王子。承佛威神。从座而起。偏袒一肩。右膝着地。向薄伽梵。曲躬合掌白言。世尊。惟愿演说如是相类诸佛名号。及本大愿殊胜功德。令诸闻者业障消除。为欲利乐像法转时诸有情故。

尔时。世尊赞曼殊室利童子言。善哉。善哉。曼殊室利。汝以大悲。劝请我说诸佛名号。本愿功德。为拔业障所缠有情。利益安乐。像法转时诸有情故。汝今谛听。极善思惟。当为汝说。曼殊室利言。唯然愿说。我等乐闻。

佛告曼殊室利。东方去此过十殑伽沙等佛土。有世界名净琉璃。佛号药师琉璃光如来。应正等觉。明行圆满。善逝。世间解。无上士。调御丈夫。天人师。佛。薄伽梵。曼殊室利。彼世尊药师琉璃光如来。本行菩萨道时。发十二大愿。令诸有情。所求皆得。

第一大愿。愿我来世。得阿耨多罗三藐三菩提时。自身光明。炽然照耀无量无数无边世界。以三十二大丈夫相。八十随形好。庄严其身。令一切有情。如我无异。

第二大愿。愿我来世得菩提时。身如琉璃。内外明彻。净无瑕秽。光明广大。功德巍巍。身善安住。焰网庄严。过于日月。幽冥众生。悉蒙开晓。随意所趣。作诸事业。

第三大愿。愿我来世得菩提时。以无量无边智慧方便。令诸有情。皆得无尽所受用物。莫令众生有所乏少。

第四大愿。愿我来世得菩提时。若诸有情行邪道者。悉令安住菩提道中。若行声闻独觉乘者。皆以大乘而安立之。

第五大愿。愿我来世得菩提时。若有无量无边有情。于我法中修行梵行。一切皆令得不缺戒。具三聚戒。设有毁犯。闻我名已。还得清净。不堕恶趣。

第六大愿。愿我来世得菩提时。若诸有情。其身下劣。诸根不具。丑陋顽愚。盲聋喑哑。挛躄背偻。白癞癫狂。种种病苦。闻我名已。一切皆得端正黠慧。诸根完具。无诸疾苦。

第七大愿。愿我来世得菩提时。若诸有情。众病逼切。无救无归。无医无药。无亲无家。贫穷多苦。我之名号。一经其耳。众病悉除。身心安乐。家属资具。悉皆丰足。乃至证得无上菩提。

第八大愿。愿我来世得菩提时。若有女人。为女百恶之所逼恼。极生厌离。愿舍女身。闻我名已。一切皆得转女成男。具丈夫相。乃至证得无上菩提。

第九大愿。愿我来世得菩提时。令诸有情。出魔羂网。解脱一切外道缠缚。若堕种种恶见稠林。皆当引摄置于正见。渐令修习诸菩萨行。速证无上正等菩提。

第十大愿。愿我来世得菩提时。若诸有情。王法所录。绳缚鞭挞。系闭牢狱。或当刑戮。及余无量灾难凌辱。悲愁煎逼。身心受苦。若闻我名。以我福德威神力故。皆得解脱。一切忧苦。

第十一大愿。愿我来世得菩提时。若诸有情。饥渴所恼。

为求食故造诸恶业。得闻我名。专念受持。我当先以上妙饮食。饱足其身。后以法味。毕竟安乐而建立之。

第十二大愿。愿我来世得菩提时。若诸有情。贫无衣服。蚊虻寒热。昼夜逼恼。若闻我名。专念受持。如其所好。即得种种上妙衣服。亦得一切宝庄严具。华鬘涂香。鼓乐众伎。随心所玩。皆令满足。

曼殊室利。是为彼世尊。药师琉璃光如来。应正等觉。行菩萨道时。所发十二微妙上愿。

（节录《药师琉璃光如来本愿功德经》）

西方极乐世界
阿弥陀佛四十八大愿

佛言。次有佛名世自在王如来。应供。等正觉。明行足。善逝。世间解。无上士。调御丈夫。天人师。佛。世尊。十号具足。在世教化四十二劫。尔时有大国王。闻佛说法。喜悦开悟。即弃王位。往作沙门。号法藏比丘。高才智慧勇猛无能及者。诣彼佛所。稽首礼足。右绕三匝。长跪合掌。以偈赞佛。

如来妙色相　世间无等伦
远胜日摩尼　火月清净水
威神无有极　名声震十方
皆由三昧力　精进成智慧
持觉若溟海　深广无涯底
无明与贪恚　冰释已无余
从是超世间　叹仰不能已
端如好树华　莫不爱乐者
处处人民见　一切皆欢喜
布施及净戒　忍辱并精进
禅定大智慧　吾誓得此事
一切诸恐惧　普为获大安

过度诸生死　无不解脱者

我至作佛时　种种如法王

假使恒沙数　诸佛悉供养

不如求正觉　坚勇必成就

能使无量刹　光明普照耀

济度越恒沙　威德谁可量

我刹极庄严　华好独超卓

凡欲来生者　清净安以乐

度脱永无穷　幸佛作明证

发愿既如是　力行无懈怠

虽居苦毒中　忍之终不悔

佛言。尔时法藏比丘说此偈已。复白世自在王佛言。世尊。我发无上菩提之心。愿作佛时。于十方无央数佛中为最。智慧勇猛。顶中光明照耀十方无有穷极。所居刹土。自然七宝。极明丽温柔。我化度名号。皆闻于十方无央数世界。莫有不闻知者。诸无央数诸天人民。以至蜎飞蠕动之类。来生我刹者。悉作菩萨声闻。其数不可穷尽。比诸佛世界悉皆胜之。如是者宁可得否。时世自在王佛知其智识高明。心愿广大。即为说言。譬如大海一人斗量。历劫不止。尚可见底。况人至心求道精进不止。何求不得。何愿不遂。时法藏此丘。闻佛所说。则大欢喜。佛乃选择二千一百万佛刹中。诸天人民之善恶。国土之粗妙。随其心愿悉令显现。法藏即一其心。遂得天眼。莫不彻见。

佛言。尔时。法藏比丘。乃往一静处。其心寂然。俱无所着。默坐思惟。摄取彼诸佛刹清净之行。如彼修持。复诣佛所而白佛言。世尊。我已摄取二千一百万佛刹。所以庄严国土。清净之行。愿有敷陈。惟佛听察。彼佛告言。善哉。汝可具说。诸菩萨众。闻汝志愿。因以警策。亦能于诸佛刹修习庄严。法藏白言。

第一愿。我作佛时。我刹中无地狱饿鬼禽畜。以至蜎飞蠕动之类。不得是愿终不作佛。

第二愿。我作佛时。我刹中无妇女。无央数世界诸天人民。以至娟飞蠕动之类。来生我刹者。皆于七宝水池莲华中化生。不得是愿终不作佛。

第三愿。我作佛时。我刹中人欲食时。七宝钵中百味饮食化现在前。食已。器用自然化去。不得是愿终不作佛。

第四愿。我作佛时。我刹中人所欲衣服。随念即至。不假裁缝捣染浣濯。不得是愿终不作佛。

第五愿。我作佛时。我刹中自地以上至于虚空。皆有宅宇宫殿楼阁。池流花树悉以无量杂宝。百千种香。而共合成严饰奇妙。殊胜超绝。其香普熏十方世界。众生闻是香者皆修佛行。不得是愿终不作佛。

第六愿。我作佛时。我刹中人皆心相爱敬。无相憎嫉。不得是愿终不作佛。

第七愿。我作佛时。我刹中人尽无淫佚瞋怒愚痴之心。不得是愿终不作佛。

第八愿。我作佛时。我刹中人皆同一善心。无惑他念。其所欲言。皆预相知意。不得是愿终不作佛。

第九愿。我作佛时。我刹中人皆不闻不善之名。况有其实。不得是愿终不作佛。

第十愿。我作佛时。我刹中人知身如幻。无贪着心。不得是愿终不作佛。

第十一愿。我作佛时。我刹中虽有诸天与世人之异。而其形容皆一类金色。面目端正净好。无复丑异。不得是愿终不作佛。

第十二愿。我作佛时。假令十方无央数世界诸天人民。以至蜎飞蠕动之类。皆得为人。皆作缘觉声闻。皆坐禅一心。共欲计数我年寿几千亿万劫。无有能知者。不得是愿终不作佛。

第十三愿。我作佛时。假令十方各千亿世界中诸天人民。以至蜎飞蠕动之类。皆得为人。皆作缘觉声闻。皆坐禅一心。共欲计数我刹中人数有几千亿万。无有能知者。不得是愿终不作佛。

第十四愿。我作佛时。我刹中人寿命皆无央数劫。无有能计知其数者。不得是愿终不作佛。

第十五愿。我作佛时。我刹中人所受快乐。一如漏尽比丘。不得是愿终不作佛。

第十六愿。我作佛时。我刹中人住正信位。离颠倒想。远离分别。诸根寂静。所止尽般泥洹。不得是愿终不作佛。

第十七愿。我作佛时。说经行道十倍于诸佛。不得是愿终不作佛。

第十八愿。我作佛时。我刹中人尽通宿命。知百千亿那由他劫事。不得是愿终不作佛。

第十九愿。我作佛时。我刹中人尽得天眼。见百千亿那由他世界。不得是愿终不作佛。

第二十愿。我作佛时。我刹中人尽得天耳。闻百千亿那由他诸佛说法。悉能受持。不得是愿终不作佛。

第二十一愿。我作佛时。我刹中人得他心智。知百千亿那由他世界众生心念。不得是愿终不作佛。

第二十二愿。我作佛时。我刹中人尽得神足。于一念顷。能超过百千亿那由他世界。不得是愿终不作佛。

第二十三愿。我作佛时。我名号闻于十方无央数世界。诸佛各于大众中称我功德及国土之胜。诸天人民以至蜎飞蠕动之类。闻我名号乃慈心喜悦者。皆令来生我刹。不得是愿终不作佛。

第二十四愿。我作佛时。我顶中光明绝妙。胜如日月之明百千亿万倍。不得是愿终不作佛。

第二十五愿。我作佛时。光明照诸无央数天下幽明之处。皆当大明。诸天人民以至蜎飞蠕动之类。见我光明莫不慈心作善。皆令来生我国。不得是愿终不作佛。

第二十六愿。我作佛时。十方无央数世界诸天人民。以至蜎飞蠕动之类。蒙我光明触其身者。身心慈和过诸天人。不得是愿终不作佛。

第二十七愿。我作佛时。十方无央数世界诸天人民。有发菩提心。奉持斋戒。行六波罗蜜。修诸功德。至心发愿欲生我刹。临寿终时。我与大众现其人前。引至来生作不退转地菩萨。不得是愿终不作佛。

第二十八愿。我作佛时。十方无央数世界诸天人民闻我名号。烧香散华。燃灯悬缯。饭食沙门。起立塔寺。斋戒清净。益作诸善。一心系念于我。虽止于一昼夜不绝。亦必生我刹。

不得是愿终不作佛。

第二十九愿。我作佛时。十方无央数世界诸天人民。至心信乐欲生我刹。十声念我名号必遂来生。惟除五逆诽谤正法。不得是愿终不作佛。

第三十愿。我作佛时。十方无央数世界诸天人民。以至蜎飞蠕动之类。前世作恶。闻我名号。即忏悔为善。奉持经戒。愿生我刹。寿终皆不经三恶道。径遂来生。一切所欲无不如意。不得是愿终不作佛。

第三十一愿。我作佛时。十方无央数世界诸天人民。闻我名号。五体投地稽首作礼。喜悦信乐修菩萨行。诸天世人莫不至敬。不得是愿终不作佛。

第三十二愿。我作佛时。十方无央数世界有女人闻我名号。喜悦信乐发菩提心。厌恶女身。寿终之后其身不复为女。不得是愿终不作佛。

第三十三愿。我作佛时。凡生我刹者一生遂补佛处。惟除本愿欲往他方设化众生。修菩萨行。供养诸佛。即自在往生。我以威神之力。令彼教化一切众生皆发信心。修菩提行。普贤行。寂灭行。净梵行。最胜行。及一切善行。不得是愿终不作佛。

第三十四愿。我作佛时。我刹中人欲生他方者。如其所愿。不复坠于三恶道。不得是愿终不作佛。

第三十五愿。我作佛时。刹中菩萨以香华幡盖。真珠璎珞。种种供具。欲往无量世界供养诸佛。一食之顷即可遍至。不得是愿终不作佛。

第三十六愿。我作佛时。刹中菩萨欲万种之物。供养十方无央数佛。即自然在前。供养既遍。是日未午即还我刹。不得是愿终不作佛。

第三十七愿。我作佛时。刹中菩萨受持经法讽诵宣说必得辩才智慧。不得是愿终不作佛。

第三十八愿。我作佛时。刹中菩萨能演说一切法。其智慧辩才不可限量。不得是愿终不作佛。

第三十九愿。我作佛时。刹中菩萨得金刚那罗延力。其身皆紫磨金色。具三十二相八十种好。说经行道无异于诸佛。不得是愿终不作佛。

第四十愿。我作佛时。刹中清净照见十方无量世界。菩萨欲于宝树中。见十方一切严净佛刹。即时应现。犹如明镜睹其面相。不得是愿终不作佛。

第四十一愿。我作佛时。刹中菩萨虽少功德者。亦能知见我道场树高四千由旬。不得是愿终不作佛。

第四十二愿。我作佛时。刹中诸天世人及一切万物。皆严净光丽。形色殊特。穷微极妙。无能称量者。众生虽得天眼。不能辨其名数。不得是愿终不作佛。

第四十三愿。我作佛时。我刹中人随其志愿所欲闻法。皆自然得闻。不得是愿终不作佛。

第四十四愿。我作佛时。我刹中菩萨声闻皆智慧威神。顶中皆有光明。语音鸿畅。说经行道无异于诸佛。不得是愿终不作佛。

第四十五愿。我作佛时。他方世界诸菩萨闻我名号。归依精进。皆逮得清净。解脱三昧。住是三昧一发意顷。供养不可思议诸佛而不失定意。不得是愿终不作佛。

第四十六愿。我作佛时。他方世界诸菩萨闻我名号。归依精进。皆逮得普等三昧。住是三昧至于成佛。常见无量不可思议一切诸佛。不得是愿终不作佛。

第四十七愿。我作佛时。他方世界诸菩萨闻我名号。归依精进。即得至不退转地。不得是愿终不作佛。

第四十八愿。我作佛时。他方世界诸菩萨闻我名号。归依精进。即得至第一忍。第二忍。第三忍。于诸佛法永不退转。不得是愿终不作佛。

佛言。尔时法藏比丘。发此愿已。复说偈言。

我今对佛前　特发诚实愿
如获十力身　威德无能胜
复为大国王　富豪而自在
常施诸财宝　利乐于贫苦
尽令诸众生　长夜无忧恼
发生众善根　长养菩提果
我至成佛时　名声超十方
人天欣得闻　俱来生我刹
我以智慧光　广照无央界
除灭诸有情　贪瞋烦恼暗
地狱鬼畜生　亦生我刹中
一切来生者　修习清净行
如佛金色身　妙相悉圆满
还以大慈心　普济诸沉溺
我于未来世　当作天人师

百亿世界中　说法师子吼
一切闻音者　解悟复圆明
又如过去佛　所行慈愍行
度脱诸有情　已无量无边
我行亦如斯　咸使登觉岸
此愿若克果　大千应震动
虚空诸天神　必雨珍妙华

（节录《佛说大阿弥陀经》）

大智文殊菩萨十大愿

一者大愿。若有一切众生所生三界或我作他作随缘受化。四空五净之主。八定四禅之主。梵王六欲之主。帝释诸天之主。四天四轮之主。诸神龙王之主。八部鬼神之主。守护佛法之主。伽蓝宫殿之主。四大持世之主。金刚坚牢之主。护国善神之主。大国小国之主。粟散世王之主。统领诸军主。都摄所守主。所有水陆四生胎卵湿化。九类蠢动一切含灵。同生三世愿佛知见。或未闻我名令愿得闻。及闻我名于我法中。令一切有情尽发菩提。回向大乘修无上道。若有众生以法药世医。救疗诸疾。历数算计工巧博弈。世典文笔歌咏赞叹。讲论戏处导以度人。随类同事接引世俗。令发菩提正见正授。共我有缘。得入佛道。

二者大愿。若有众生。毁谤于我。瞋恚于我。刑害杀我。是人于我自他。常生怨恨不能得解。愿共我有缘。令发菩提之心。

三者大愿。若有众生爱念我身。欲心见我。求得于我。于我身上。于他身上。盛行谄曲邪见颠倒。及生净行不净行诸恶不善。愿共有缘。令发菩提之心。

四者大愿。若有众生。轻慢于我。疑虑于我。枉压于我。诳妄于我。毁谤三宝。憎嫉贤良。欺凌一切常生不善。共我有缘。令发菩提之心。

五者大愿。若有众生。贱我薄我惭我愧我。敬重于我不敬于我。妨我不妨我。用我不用我。取我不取我。求我不求我。要我不要我。从我不从我。见我不见我。悉愿共我有缘。令发菩提之心。

六者大愿。若有众生。常生杀命。作屠儿魁脍畋猎渔捕。怨命现前更相杀害。无有断绝世世相报。杀心炽盛。不生悔过。卖肉取财。自养性命。如此之心者。永失人身。不相舍离报对。如是令发菩提之心。若有他人取我财物。我与财物。或施我财物。我施财物。所得财物及不得者。于我有缘。令发菩提之心。

七者大愿。若有众生。供养我者。我供养他者。或我或他造寺舍僧房伽蓝佛塔禅房兰若独静之处。或我或他造一切功德。及造菩萨诸佛形像。令他布施修立福祐。遍于法界。回向一切诸佛菩提。令一切有情同沾此福。及有他人自己朋友同伴师长弟子。修行苦行节身断食。持戒破戒有行无行。和尚阿阇黎教导称说。听受我教。我受他教。同行同业。共我有缘。令发菩提之心。

八者大愿。若有众生。广造诸罪。堕于地狱无有出期。经无量劫受诸苦恼。从地狱出生于五趣。先作畜生将命还于前生。负物作驼驴猪狗牛羊象马奴婢仆从。偿他宿债。累劫赔命。还他偷盗。无有休息。我于五道随形受化。常生同世教化于人。或作贫穷困苦盲聋喑哑最下乞人。于一切众生众中。同类同缘同事同行同业导引得入佛道。共我有缘。令发菩提之心。

九者大愿。若有众生。纵恣身心。我慢贡高。故于我法中污逕佛法。师长弟子无惭无愧。用僧佛钱菩萨财物。杀生偷盗邪行。妄语绮语恶口两舌。斗乱纵恣贪瞋。不拣良善。劫夺他财。拒讳谩人。不识善恶。广造十恶一切诸罪。死堕阿鼻。入诸地狱。从地狱出。轮还六处。入生死海诸趣恶道。愿共有缘。同业同道。随缘化变。当以救之令得出离。共我有缘。发菩提心求无上道。

十者大愿。若有众生。当于我法。若我有缘若我无缘。同我大愿则是我身。共我无别。行四无量心。心等虚空。广度有情无有休歇。愿达菩提。登正觉路。大圣曼殊以圣性愿力。不入三界亦不出三界。心如虚空。常在如来清净性海真如藏中。安住法界。遍在众生心识体性。曼殊室利言。我有大愿以圣性力。加持有情。令罪垢消灭。得入菩提诸佛圣果。则是名菩萨十种大愿。如是曼殊发广大愿已。三千大千世界六种震动。天雨曼陀罗华遍满虚空。其时大会诸众尽见其华。同时赞叹曼殊大士。圣力自在不可思议不可言说。尔时诸大会众咸皆欢喜信受奉行。

（节录《大乘瑜伽金刚性海曼殊室利千臂千钵大教王经》卷一）

大悲观世音菩萨
圆通法门与三十二应身

尔时观世音菩萨. 即从座起. 顶礼佛足. 而白佛言。世尊。忆念我昔无数恒河沙劫. 于时有佛出现于世. 名观世音。我于彼佛发菩提心. 彼佛教我从闻思修. 入三摩地。初于闻中. 入流亡所。所入既寂。动静二相了然不生。如是渐增。闻所闻尽。尽闻不住。觉所觉空。空觉极圆。空所空灭。生灭既灭。寂灭现前。忽然超越世出世间。十方圆明。获二殊胜。一者. 上合十方诸佛本妙觉心. 与佛如来同一慈力。二者. 下合十方一切六道众生. 与诸众生同一悲仰。世尊。由我供养观音如来。蒙彼如来. 授我如幻闻熏闻修金刚三昧. 与佛如来同慈力故. 令我身成三十二应. 入诸国土。

世尊。若诸菩萨. 入三摩地. 进修无漏. 胜解现圆。我现佛身而为说法. 令其解脱。

若诸有学. 寂静妙明. 胜妙现圆。我于彼前现独觉身. 而为说法. 令其解脱。

若诸有学. 断十二缘. 缘断胜性. 胜妙现圆。我于彼前现缘觉身. 而为说法. 令其解脱。

若诸有学. 得四谛空. 修道入灭. 胜性现圆。我于彼前现声闻身. 而为说法. 令其解脱。

若诸众生．欲心明悟．不犯欲尘．欲身清净。我于彼前现梵王身．而为说法．令其解脱。

若诸众生．欲为天主．统领诸天。我于彼前现帝释身．而为说法．令其成就。

若诸众生．欲身自在游行十方。我于彼前现自在天身．而为说法．令其成就。

若诸众生．欲身自在飞行虚空。我于彼前现大自在天身．而为说法．令其成就。

若诸众生．爱统鬼神．救护国土。我于彼前现天大将军身．而为说法．令其成就。

若诸众生．爱统世界．保护众生。我于彼前现四天王身．而为说法．令其成就。

若诸众生．爱生天宫．驱使鬼神。我于彼前现四天王国太子身．而为说法．令其成就。

若诸众生．乐为人王。我于彼前现人王身．而为说法．令其成就。

若诸众生．爱主族姓．世间推让。我于彼前现长者身．而为说法．令其成就。

若诸众生．爱谈名言．清净自居。我于彼前现居士身．而为说法．令其成就。

若诸众生．爱治国土．剖断邦邑。我于彼前现宰官身．而为说法．令其成就.

若诸众生．爱诸数术．摄卫自居。我于彼前现婆罗门身．而为说法．令其成就。

若有男子．好学出家．持诸戒律。我于彼前现比丘身．而为说法．令其成就。

若有女人．好学出家．持诸禁戒。我于彼前现比丘尼身．而为说法．令其成就。

若有男子．乐持五戒。我于彼前现优婆塞身．而为说法．令其成就。

若有女子．五戒自居。我于彼前现优婆夷身．而为说法．令其成就。

若有女人．内政立身．以修家国。我于彼前现女主身．及国夫人命妇大家（音姑）．而为说法．令其成就。

若有众生．不坏男根。我于彼前现童男身．而为说法．令其成就。

若有处女．爱乐处身．不求侵暴。我于彼前现童女身．而为说法．令其成就。

若有诸天．乐出天伦。我现天身而为说法．令其成就。

若有诸龙．乐出龙伦。我现龙身而为说法．令其成就。

若有药叉．乐度本伦。我于彼前现药叉身．而为说法．令其成就。

若乾闼婆．乐脱其伦。我于彼前现乾闼婆身．而为说法．令其成就。

若阿修罗．乐脱其伦。我于彼前现阿修罗身．而为说法．令其成就。

若紧那罗．乐脱其伦。我于彼前现紧那罗身．而为说法．令其成就。

若摩呼罗伽．乐脱其伦。我于彼前现摩呼罗伽身．而为说法．令其成就。（正脉疏云：天龙八部今但七部阙迦楼罗即金

翅鸟）

若诸众生．乐人修人。我现人身而为说法．令其成就。

若诸非人．有形无形．有想无想．乐度其伦。我于彼前皆现其身．而为说法．令其成就。

是名妙净三十二应．入国土身。皆以三昧闻熏闻修无作妙力．自在成就。

世尊。我复以此闻熏闻修．金刚三昧无作妙力。与诸十方三世六道一切众生．同悲仰故。令诸众生．于我身心．获十四种无畏功德。

一者．由我不自观音以观（去声）观者。令彼十方苦恼众生．观其音声．即得解脱。

二者．知见旋复。令诸众生．设入大火．火不能烧。

三者．观听旋复。令诸众生．大水所漂．水不能溺。

四者．断灭妄想。心无杀害。令诸众生．入诸鬼国．鬼不能害。

五者．熏闻成闻．六根销复．同于声听。能令众生．临当被害．刀段段坏。使其兵戈．犹如割水．亦如吹光．性无摇动。

六者．熏闻精明．明遍法界．则诸幽暗性不能全。能令众生．药叉．罗刹．鸠槃荼鬼．及毗舍遮．富单那等。虽近其傍。目不能视。

七者．音性圆销．观听返入．离诸尘妄．能令众生．禁系枷锁．所不能着。

八者．灭音圆闻．遍生慈力。能令众生．经过险路．贼不能劫。

九者．熏闻离尘．色所不劫。能令一切多淫众生．远离贪欲。

十者．纯音无尘．根境圆融．无对所对。能令一切忿恨众生．离诸瞋恚。

十一者．销尘旋明．法界身心．犹如琉璃．朗彻无碍。能令一切昏钝性障诸阿颠迦．永离痴暗。

十二者．融形复闻．不动道场．涉入世间。不坏世界．能遍十方。供养微尘诸佛如来。各各佛边为法王子。能令法界无子众生．欲求男者．诞生福德智慧之男。

十三者．六根圆通．明照无二．含十方界。立大圆镜空如来藏。承顺十方微尘如来。秘密法门．受领无失。能令法界无子众生．欲求女者．诞生端正福德柔顺．众人爱敬有相之女。

十四者．此三千大千世界．百亿日月．现住世间诸法王子．有六十二恒河沙数．修法垂范．教化众生．随顺众生．方便智慧．各各不同。由我所得圆通本根．发妙耳门。然后身心微妙含容．周遍法界。能令众生持我名号．与彼共持六十二恒河沙诸法王子．二人福德．正等无异。世尊．我一名号．与彼众多名号无异。由我修习得真圆通。

是名十四施无畏力．福备众生。

世尊。我又获是圆通．修证无上道故．又能善获四不思议无作妙德。

一者．由我初获妙妙闻心．心精遗闻．见闻觉知不能分隔．成一圆融清净宝觉。故我能现众多妙容．能说无边秘密神咒。其中或现一首三首五首七首九首十一首．如是乃至一百八首．千首万首．八万四千烁迦罗首。二臂四臂六臂八臂十臂十二臂．十四十六十八二十至二十四．如是乃至一百八臂．千臂万臂．八万四千母陀罗臂。二目三目四目九目。如是乃至一百八目．千目万目．八万四千清净宝目。或慈或威。或定或慧。救护众生。得大自在。

二者．由我闻思．脱出六尘．如声度垣．不能为碍。故我妙能现一一形．诵一一咒。其形其咒．能以无畏施诸众生。是故十方微尘国土．皆名我为施无畏者。

三者．由我修习本妙圆通清净本根。所游世界．皆令众生舍身珍宝．求我哀愍。

四者．我得佛心．证于究竟。能以珍宝种种．供养十方如来．傍及法界六道众生。求妻得妻．求子得子。求三昧得三昧。求长寿得长寿。如是乃至求大涅槃得大涅槃。

佛问圆通．我从耳门圆照三昧．缘心自存．因入流相．得三摩提．成就菩提．斯为第一。世尊彼佛如来．叹我善得圆通法门。于大会中．授记我为观世音号。由我观听．十方圆明。故观音名遍十方界。

（节录《大佛顶首楞严经》卷六）

大愿地藏王菩萨之圣德大愿

尔时地藏菩萨摩诃萨，以妙伽他礼赞佛已。与诸眷属，复持无量天妙香花、种种宝饰而散佛上，变成宝盖，住虚空中。为听法故，即于佛前俨然而坐。

尔时一切诸来大众，既见地藏菩萨摩诃萨已，皆获希奇，得未曾有，各持种种上妙香花、宝饰衣服、幢幡盖等，奉散地藏菩萨摩诃萨而为供养，皆作是言：我等今者快得善利，因佛神力，亲得瞻仰，礼敬供养如是大士。

尔时众中，有菩萨摩诃萨，名好疑问，从座而起，整理衣服，偏袒一肩，礼佛双足，右膝着地，合掌向佛，而白佛言：世尊！此善男子从何而来？所居佛国，去此远近，成就何等功德善根？而蒙世尊种种称叹。复能赞佛不可思议功德法海，我等昔来，未曾闻见，唯愿为说。

世尊告曰：止！善男子！如是大士功德善根，一切世间天人大众，皆不能测其量浅深；若闻如来，为汝广说如是大士功德善根，一切世间天人大众，皆生迷闷，或不信受。

时好疑问复重请言：唯愿如来哀愍为说。佛言：谛听！善思念之！吾当为汝略说少分。

如是大士，成就无量不可思议殊胜功德，已能安住首楞伽摩胜三摩地，善能悟入如来境界，已得最胜无生法忍，于诸佛法已得自在，已能堪忍一切智位，已能超度一切智海，已能安住师子奋迅幢三摩地，善能登上一切智山，已能摧伏外道邪论。为欲成熟一切有情，所在佛国，悉皆止住。

如是大士，随所止住诸佛国土，随所安住诸三摩地，发起无量殊胜功德，成就无量所化有情。

如是大士，随住如是诸佛国土，若入能发智定，由此定力，令彼佛土一切有情，皆悉同见诸三摩地所行境界。

随住如是诸佛国土，若入具足无边智定，由此定力，令彼佛土一切有情，随其所应，能以无量上妙供具，恭敬供养诸佛世尊。

随住如是诸佛国土，若入具足清净智定，由此定力。令彼佛土一切有情，皆悉同见诸欲境界，无量过患，心得清净。

随住如是诸佛国土，若入具足惭愧智定，由此定力，令彼佛土一切有情，皆得具足增上惭愧，离诸恶法，心无忘失。

随住如是诸佛国土，若入具足诸乘明定，由此定力，令彼佛土一切有情，皆得善巧天眼智通，宿住智通，死生智通，了达此世他世因果。

随住如是诸佛国土，若入无忧神通明定，由此定力，令彼佛土一切有情，皆离一切愁忧昏昧。

随住如是诸佛国土，若入具足胜通明定，由此定力，令彼佛土一切有情，皆得具足神通善巧。

随住如是诸佛国土，若入普照诸世间定，由此定力，令十方界离诸昏暗，令彼佛土一切有情，普见十方诸佛国土。

随住如是诸佛国土，若入诸佛灯炬明定，由此定力，令彼佛土一切有情，舍邪归依，归正三宝。

随住如是诸佛国土，若入金刚光定，由此定力，令彼佛土，所有一切小轮围山、大轮围山、苏迷卢山及诸余山，溪涧沟壑、瓦砾毒刺，诸秽草木，皆悉不现；令彼佛土，所有一切众邪蛊毒、诸恶虫兽，灾横疫疠，昏暗尘垢，不净臭秽，悉皆销灭；令彼佛土，地平如掌，种种嘉祥，自然踊现，清净殊胜众相庄严。

随住如是诸佛国土，若入智力难摧伏定，由此定力，令彼佛土一切魔王及诸眷属，皆悉惊怖，归依三宝。

随住如是诸佛国土，若入电光明定，由此定力，令彼佛土一切有情，皆悉远离后世恐怖，得法安慰。

随住如是诸佛国土，若入具足上妙味定，由此定力，令彼佛土一切有情，随念皆得饮食充足。

随住如是诸佛国土，若入具足胜精气定，由此定力，令彼佛土一切有情，无不皆得增上力势，离诸病苦。

随住如是诸佛国土，若入上妙诸资具定，由此定力，令彼佛土一切有情，随乐皆得床座敷具、衣服宝饰，诸资身具，无所乏少，殊妙端严，甚可爱乐。

随住如是诸佛国土，若入无诤智定，由此定力，令彼佛土一切有情，身心勇健，远离一切怨憎系缚，和顺欢娱、爱乐具足，施、戒、安忍，勇猛精进，心无散乱，成就智慧。

随住如是诸佛国土，若入能引胜踊跃定，由此定力，令彼佛土一切有情，皆受无量胜妙欢喜。

随住如是诸佛国土，若入具足世路光定，由此定力，令彼佛土一切有情，得无碍智，能修种种清净事业。

随住如是诸佛国土，若入善住胜金刚定，由此定力，令彼佛土一切有情，皆得诸根具足无缺，常乐远离，其心寂静。

随住如是诸佛国土，若入增上观胜幢定，由此定力，令彼佛土一切有情，皆深呵厌自恶业过，咸善护持十善业道，生天要路。

随住如是诸佛国土，若入具足慈悲声定，由此定力，令彼佛土一切有情，皆悉发起慈心悲心，无怨害心，普平等心，更相利益安乐之心。

随住如是诸佛国土，若入引集诸福德定，由此定力，令彼佛土一切有情，离诸斗争、疾疫、饥馑，非时风雨，苦涩辛酸，诸恶色触，悉皆销灭。

如是大士，随住如是诸佛国土，若入海电光定，由此定力，令彼佛土一切大地，众宝合成；一切过患，皆悉远离；种种宝树，衣树、器树、诸璎珞树、花树、果树、诸音乐树，无量乐具，周遍庄严。

以要言之，此善男子！于一一日每晨朝时，为欲成熟诸有情故，入殑伽河沙等诸定，从定起已，遍于十方诸佛国土，成熟一切所化有情，随其所应，利益安乐。

此善男子！已于无量无数大劫，五浊恶时无佛世界，成熟有情；复于当来，过于是数。

或有世界刀兵劫起，害诸有情；此善男子！见是事已，于晨朝时，以诸定力，除刀兵劫，令诸有情互相慈愍。

或有世界疫病劫起，害诸有情；此善男子！见是事已，于晨朝时，以诸定力，除疫病劫，令诸有情皆得安乐。

或有世界饥馑劫起，害诸有情；此善男子！见是事已，于晨朝时，以诸定力，除饥馑劫，令诸有情皆得饱满。

此善男子！以诸定力，作如是等无量、无边、不可思议，利益安乐诸有情事。

此善男子！具足成就无量、无数、不可思议，殊胜功德，常勤精进，利益安乐一切有情。曾于过去无量、无数、殑伽沙等佛世尊所，为欲成熟利益安乐诸有情故，发起大悲、坚固难坏、勇猛精进、无尽誓愿；由此大悲、坚固难坏、勇猛精进、无尽誓愿、增上势力，于一日夜或一食顷，能度无量百千俱胝那庾多数诸有情类，皆令解脱种种忧苦；及令一切如法所求，意愿满足。

随所在处，若诸有情，种种希求忧苦逼切，有能至心称名念诵归敬供养地藏菩萨摩诃萨者，一切皆得如法所求，离诸忧苦，随其所应，安置生天涅槃之道。

随所在处，若诸有情，饥渴所逼，有能至心称名念诵归敬供养地藏菩萨摩诃萨者，一切皆得如法所求，饮食充足，随其所应，安置生天涅槃之道。

随所在处，若诸有情，乏少种种衣服宝饰，医药床敷，及诸资具，有能至心称名念诵归敬供养地藏菩萨摩诃萨者，一切皆得如法所求，衣服宝饰、医药床敷及诸资具，无不备足，随其所应，安置生天涅槃之道。

随所在处，若诸有情，爱乐别离，怨憎合会，有能至心称名念诵归敬供养地藏菩萨摩诃萨者，一切皆得爱乐合会，怨憎别离，随其所应，安置生天涅槃之道。

随所在处，若诸有情，身心忧苦，众病所恼，有能至心称名念诵归敬供养地藏菩萨摩诃萨者，一切皆得身心安乐，众病除愈，随其所应，安置生天涅槃之道。

随所在处，若诸有情，互相乖违，兴诸斗争，有能至心称名念诵归敬供养地藏菩萨摩诃萨者，一切皆得舍毒害心，共相和穆，欢喜忍受，展转悔愧，慈心相向，随其所应，安置生天涅槃之道。

随所在处，若诸有情，闭在牢狱，杻械枷锁，检系其身，具受众苦，有能至心称名念诵归敬供养地藏菩萨摩诃萨者，一切皆得解脱牢狱、杻械、枷锁，自在欢喜，随其所应，安置生天涅槃之道。

随所在处，若诸有情，应被囚执，鞭挞栲楚，临当被害，有能至心称名念诵归敬供养地藏菩萨摩诃萨者，一切皆得免离囚执、鞭挞、加害，随其所应，安置生天涅槃之道。

随所在处，若诸有情，身心疲倦，气力羸惙，有能至心称名念诵归敬供养地藏菩萨摩诃萨者，一切皆得身心畅适，气力强盛，随其所应，安置生天涅槃之道。

随所在处，若诸有情，诸根不具，随有损坏，有能至心称名念诵归敬供养地藏菩萨摩诃萨者，一切皆得诸根具足，无有损坏，随其所应，安置生天涅槃之道。

随所在处，若诸有情，癫狂心乱，鬼魅所着，有能至心称名念诵归敬供养地藏菩萨摩诃萨者，一切皆得心无狂乱，离诸扰恼，随其所应，安置生天涅槃之道。

随所在处，若诸有情，贪欲、瞋恚，愚痴、忿恨、悭嫉、憍慢、恶见、睡眠、放逸、疑等，皆悉炽盛，恼乱身心，常不安乐，有能至心称名念诵归敬供养地藏菩萨摩诃萨者，一切皆得离贪欲等，身心安乐，随其所应，安置生天涅槃之道。

随所在处，若诸有情，为火所焚，为水所溺，为风所飘，或于山岩、崖岸、树舍，颠坠堕落，其心憧惶，有能至心称名念诵归敬供养地藏菩萨摩诃萨者，一切皆得离诸危难，安隐无损，随其所应，安置生天涅槃之道。

随所在处，若诸有情，为诸毒蛇、毒虫所螫，或被种种毒药所中，有能至心称名念诵归敬供养地藏菩萨摩诃萨者，一切皆得离诸恼害，随其所应，安置生天涅槃之道。

随所在处，若诸有情，恶鬼所持，成诸疟病，或日日发，或隔日发，或三四日而一发者，或令狂乱身心战掉，迷闷失念，无所了知，有能至心称名念诵归敬供养地藏菩萨摩诃萨者，一切皆得解脱无畏，身心安适，随其所应，安置生天涅槃之道。

随所在处，若诸有情，为诸药叉、罗刹、饿鬼、毕舍遮鬼、布怛那鬼、鸠畔荼鬼、羯吒怛布那鬼、吸精气鬼，及诸虎狼、师子恶兽，蛊毒厌祷、诸恶咒术，怨贼、军阵及余种种，诸怖畏事之所缠绕，身心慞惶，惧失身命，恶死贪生，厌苦求乐，有能至心称名念诵归敬供养地藏菩萨摩诃萨者，一切皆得离诸怖畏，保全身命，随其所应，安置生天涅槃之道。

随所在处，若诸有情，或为多闻，或为净信，或为净戒，或为静虑，或为神通，或为般若，或为解脱；或为妙色，或为妙声，或为妙香，或为妙味，或为妙触；或为利养，或为名闻，或为功德，或为工巧；或为花果，或为树林，或为床座，或为敷具；或为道路，或为财谷，或为医药，或为舍宅；或为仆使，或为彩色，或为甘雨，或为求水；或为稼穑，或为扇拂，或为凉风，或为求火；或为车乘，或为男女，或为方便，或为修福；或为温暖，或为清凉，或为忆念，或为种种世出世间诸利乐事；于追求时为诸忧苦之所逼切，有能至心称名念诵归敬供养地藏菩萨摩诃萨者，此善男子！功德妙定威神力故，令破一切皆离忧苦，意愿满足，随其所应，安置生天涅槃之道。

随所在处，若诸有情，以诸种子，殖于荒田或熟田中，若勤营务，或不营务，有能至心称名念诵归敬供养地藏菩萨摩诃萨者，此善男子！功德妙定威神力故，令彼一切果实丰稔。所以者何？此善男子！曾过无量无数大劫，于过数量佛世尊所，发大精进坚固誓愿；由此愿力，为欲成熟诸有情故，常普任持一切大地，常普任持一切种子，常普令彼一切有情随意受用。此善男子！威神力故，能令大地一切草木，根须、芽茎、枝叶、花果，皆悉生长，药谷、苗稼、花果茂实，成熟润泽，香洁软美。

随所在处，若诸有情，贪、瞋、痴等，皆猛利故，造作杀生，或不与取，或欲邪行；或虚诳语，或粗恶语，或离间语，或杂秽语；或贪，或瞋，或复邪见十恶业道；有能至心称名念诵归敬供养地藏菩萨摩诃萨者，一切烦恼，悉皆销灭，远离十恶，成就十善，于诸众生，起慈悲心及利益心。

此善男子成就如是功德妙定，威神之力，勇猛精进，于一食顷，能于无量无数佛土，一一土中，以一食顷，皆能度脱无量无数殑伽沙等所化有情，令离众苦，皆得安乐，随其所应，安置生天涅槃之道。

此善男子！成就如是如我所说，不可思议诸功德法，坚固誓愿，勇猛精进，为欲成熟诸有情故，于十方界，或时现作大梵王身，为诸有情，如应说法；或复现作大自在身，或作欲界他化自在天身，或作乐变化天身，或作睹史多天身，或作夜摩天身，或作帝释天身，或作四大王天身；或作佛身，或作菩萨身，或作独觉身，或作声闻身；或作转轮王身，或作刹帝利身，或作婆罗门身，或作筏舍身，或作戍达罗身；或作丈夫身，或作妇女身，或作童男身，或作童女身；或作健达缚身，或作阿素洛身，或作紧捺洛身，或作莫呼洛伽身；或作龙身，或作药叉身，或作罗刹身，或作鸠畔荼身；或作毕舍遮身，或作饿鬼身，或作布怛那身，或作羯吒布怛那身，或作粤阇河洛鬼身；或作狮子身；或作香象身，或作马身，或作牛身，或作种种禽兽之身；或作剡魔王身，或作地狱卒身，或作地狱诸有情身；现作如是等无量无数异类之身，为诸有情如应说法，随其所应，安置三乘不退转位。

善男子！如是大士，成就如是不可思议诸功德法，是诸殊胜功德伏藏，是诸解脱珍宝出处，是诸菩萨明净眼目，是趣涅槃商人导首，如是乃至能无功用，转大法轮，如前广说。

善男子！假使有人于其弥勒，及妙吉祥，并观自在、普贤之类而为上首，殑伽沙等诸大菩萨摩诃萨所，于百劫中，至心归依，称名、念诵、礼拜、供养，求诸所愿，不如有人于一食顷，至心归依，称名、念诵、礼拜、供养地藏菩萨，求诸所愿，速得满足。所以者何？地藏菩萨，利益安乐一切有情，令诸有情所愿满足，如如意宝，亦如伏藏。如是大士，为欲成熟诸有情故，久修坚固大愿、大悲，勇猛精进，过诸菩萨，是故汝等，应当供养。

（节录《大乘大集地藏十轮经》卷一）

附录三　发大心文

震旦苦恼众生某，稽首尽十方三世诸佛前：伏以人身难得，佛法难闻，我今得少善力，得生人中，正像云遐，末法现在，欲报大恩，须发大愿，依经论说，行是车船，愿是马楫，有船无楫，难可到也。我自诸劫以来，佛加被我，佛教诲我，佛忆念我；我有眼根不见，耳根不闻，意根不觉，流转生死，旋出旋没，至于今生，今生更迟，何生可待？父母生我，善友教我，一切有情，咸加被我，况自诸劫来，若父若母若眷属，或生天中，或生人中，或生畜生中、地狱中；我若不以今生坐大愿船，自鼓愿楫，尽诸后身，终成蹉忽，负恩无极，是谓枉得人身，虚闻佛法。是故欲修檀者（一本“檀者”作“布施”），发心为先；欲修羼提（一本“羼提”作“安忍”），发心为先，欲修尸罗（一本“尸罗”作“止得”），发心为先，欲修毗黎耶（一本“毗黎耶”作“精进”），发心为先；欲修禅那（一本“禅那”作“静宪”），发心为先；欲修般若（一本“般若”作“智慧”），发心为先。我今先愿断种种心。何谓种种心？瞋心差别有三：曰嫉恶心，曰怨懑心，曰忆世法心。贪心差别有三：曰乐世法心，曰羡慕心，曰忆世法心。痴心差别有五：曰善感心，曰缠绵心，曰疑法心，曰疑因果心，曰昏沉心。有境相应行心，有非境不相应行心；若广分别言，则有八万四千尘劳，皆起一心。我今誓发大心，凡生人伦，受种种恼，大心菩萨深知因果，各各有故，略可设说。脱令我今世适发善念，欲入正受，即有魔事，不得成就，便当知前生善根微浅，娆善友故。脱令我今世出诚实言，而以诉人，人反讥笑，便当知我前世信根微浅，不听它言故。脱令我今生多受浮言，无情浅夫，或用见成言说而成谤论，便须知我前世处境亨泰，但能坐议，不察人世一切真实烦恼故。脱令我今世于人有礼，人见凌侮，便须知我前生忍辱根浅，或加报复，或喜我慢，今回报故。脱令我今生如孩如提，纯取真初而以待人（一本“人”作“大”），相机诈，受种种恼，便须知我前生阅历太深，厚貌深中，今受报故。脱令我世既招谤议，复值嫌疑，难可解说，便须知我前生坐于堂上，身为理官，但据形迹故。脱令我今世自细及巨，万事万状，不得择术直行，如头欲前而足欲后，便当知我前生直截如意，平生处置，数言可了，不知它苦故。脱令我今世进身坎坷，横见贬抑，便须知我前生侥取荣利，贪赂罔法，不畏人王（一本“王”作“言”），不耻姗笑故。脱令我今世种种处置，虽竭仁智，终无善局，便须知我前生害他眷属，累其一生故。脱令我今生于世间爱乐，百求无遂，凡所施作，垂成忽败，便须知我前生于它若有仇若无仇，一切破坏故。脱令我今生遇有恶缘，未可明言，便须知我前生误作媒翳害它人故。脱令我今世受无量冤谗，无量忧泣，不可明言，便须知我前生顺遂享福过故。脱令今生遇凶人暴辱，如豺虎行，便须知我前生无礼以凌人故。复次诸佛，我若后身仍生人伦，或生此世界，或生余世界，依杂华普贤说，东南西北世界，东西南北四角世界，上方下方世界，乃至尽毗卢遮那世界，皆当发心而正思惟。如遇他横逆，应正思惟，生安受心；遇他机械，应正思惟，生怜他心；遇他作恶，应正思惟，生度他心；遇他冥顽，不忠不孝，不存血性，于家于国，漠然无情，应正思惟，生感动他心；遇他遏抑我，噬负我，皆正思惟，而生怜他心；遇他顽痴，应正思惟，生敬他心；遇他妒忌，生让他心；遇他丑恶，应正思惟，生爱他心；乃至见他十恶五逆，亦将我心置他胸臆，而替他想，生种种怜他心，宥他心，度他心，乃至一切施不如愿于我，我皆如是思惟，此我夙业，今生幸已受报，已偿已讫，生自庆幸心。复次，诸佛，我若后身仍生天伦，若日天子，若月天子，若星辰天子，或生忉利天，或生须焰摩天，或生四天王天，或生它化自在天。乃至生诸梵天，乃至生五不还天，生色究竟天，皆当发心，忆见众生，照见众生。我生天上，入于内院，值补处佛，佛已降时，最先请佛说法，佛涅槃时，受我最后法供，如纯陀事，佛佑第一，当念世人不值佛世，或又遭遇灭法人王，我皆衍佛法绪而以度之。我生天上，身有千头，头有千舌，舌有千义，气足音宏，辩才第一，当念众生冤枉蹇涩，若忠臣，若孝子，若贤妇、孝女、奴仆，种种屈曲缭泪，千幽万隐，我皆化身替他分说而以度之。我生天上，威德自在，尊严第一，当念众生贱苦而以度之，我生天上，寂然安隐，得诸三昧，陀罗尼门定慧第一，当念众生或困色阴，或困想阴，种种颠倒，我施安隐而以度之。我生天上，寿命第一，当念众生朝有夕无，哭泣相续，我施寿命而以度之。我生天上，安居第一，当念众生或涉大水而困涛波，或从高山跌落，不得至地，心怖神飞，我当化身空中，为其接住而以度之。我生天上，调适第一，当念众生生恶毒疮，种种苦病，或遇刀刃，或落半头时，或断手脚时，或刳肠胃及两眼时，求死未死时，我皆分身而以度之。我生天上，洁净第一，当念众生在于地狱，既受无量痛苦，仍在沸屎，受无量秽，我皆不惮亲往而以度之。我生天上，慧照天人，多闻第一，当念众生少见寡闻，于一切处自疑自骇，我当令其倒心皆平，而以度之。我生天上，久远超出因明、内外五明，神明第一，当念众生小聪小辨，世法多闻，或困名身，或困句身，或困文身，颠倒日夜，我先化身令其成就，然后解脱而以度之。我生天上，春吐栴檀气，夏吐芬陀利气，秋吐兰气，冬吐须曼那气，身长由延，端正第一，当念众生现富单那形，鸠槃荼形，夜迦形，或人生中粗弊如畜，福力轻微，或生疣赘，五官不全，同伦讥厌，己亦厌苦，我当巧术而以度之。我生天上，八万四千微妙侍女，来相亲娱，着微妙衣，出微妙声，或以携手为极乐，或以相笑为极乐，当念众生困于粗重淫欲，不知厌苦，复有慧根男女，想阴炽盛，生诸疾病，种种粗细境界，我皆化作色身，为其成就如愿，然后解脱而以度之。我生天上，供养第一，当念贫穷众生，我以法力取龙宫宝贝，或美衣食，而以度之。复次：诸佛，我若度人，当发大愿心，先度此生父身、母身、眷属身，再度旷劫以来，不可说不可说父身、母身、眷属身；又当度此世一切知识我之身，又当度旷劫以来，不可说不可说知识我之身，又当度旷劫以来至于此世，与我有仇、有怨之身，乃至遍度旷劫以来，至于今世，若因缘，若增上缘，若等无间缘，若所缘缘，若有情而作缘，若无情而作缘，人所不见天眼乃见之身，依首楞说，十二类生，各各入其类中，而说法要而化导之。虽有化导化身劳苦，我实寂然，不出于定，安坐本所，不离三昧，身心如故。凡此所愿，我实誓发，无虚诳心，所愿佛加被我，佛证知我，佛提撕我，佛成就我，使我尽此一形，乃至千形万形无量形，尽诸后有（一本“有”作“身”）。无凡夫障，无小乘障，无中乘障，无外道障，无魔民障，无魔王障。正念相续，正愿相续，正知相续，正见相续，正行相续，我尽诸身，若毛发，若肝脑，若头目，而以作供，不作为报。我虽化身，横尽虚空，竖尽来劫，作其尘沙，一一沙中，有一一舌，一一舌中，出一一音，而以赞佛，不能尽也。又以化身，竖尽来劫，横尽虚空，作其尘沙，沙中一一舌，舌中一一音，而以劝人赞佛，不能尽也。世界无尽，佛力无尽，众生无尽，一切法无尽，我愿亦无尽。

（清·龚定庵先生文）

东方出版社南怀瑾作品

论语别裁

话说中庸

孟子旁通（上）

梁惠王篇　万章篇

孟子旁通（下）

离娄篇　滕文公篇　告子篇

孔子和他的弟子们

原本大学微言

孟子旁通（中）

公孙丑篇　尽心篇

维摩诘的花雨满天

金刚经说什么

药师经的济世观

圆觉经略说

楞严大义今释

楞伽大义今释

禅话

禅海蠡测

静坐与修道

禅与生命的认知初讲

禅宗与道家

定慧初修

如何修证佛法

学佛者的基本信念

大圆满禅定休息简说

洞山指月

老子他说（初续合集）

庄子諵譁

列子臆说

我说参同契

中国道教发展史略述

易经系传别讲

易经与中医（外一种：太极拳与静坐）

小言黄帝内经与生命科学

漫谈中国文化
　金融　企业　国学

廿一世纪初的前言后语

易经杂说

新旧教育的变与惑

南怀瑾讲演录 2004—2006

南怀瑾与彼得·圣吉
　关于禅、生命和认知的对话

历史的经验（增订本）

中国文化泛言（增订本）